Keramik dekorieren

Hildegard Storr-Britz

Keramik dekorieren

Neue und alte
handwerkliche Techniken

Otto Maier Verlag
Ravensburg

Alle in diesem Buch veröffentlichten
Abbildungen sind urheberrechtlich
geschützt und dürfen nur mit ausdrücklicher
Genehmigung des Verlages nach Rücksprache
mit den Urhebern gewerblich genutzt oder
ausgewertet werden.

CIP-Kurztitelaufnahme der Deutschen
Bibliothek

Storr-Britz, Hildegard:
Keramik dekorieren: neue u. alte handwerkl.
Techniken / Hildegard Storr-Britz. [Zeichn.:
Ulrike Otto]. – Ravensburg: Maier, 1982.
 ISBN 3-473-42555-9

© 1982 Otto Maier Verlag Ravensburg
Redaktion: Wilhelm Kirchgässner
Zeichnungen: Ulrike Otto
Titelbild: Foto-Baumann
Satz: Hümmer, Waldbüttelbrunn
Gesamtherstellung: Appl, Wemding
Printed in Germany

5 4 3 2 1   86 85 84 83 82

ISBN 3-473-42555-9

Meinem Mann,
James Storr, zum Gedenken

Inhalt

9 **Vorwort**

10 **Zum Gebrauch des Buches**

11 **Scherbendekore**
12 Rohpolieren
13 Bizen-Keramik
15 Abdruck organischer und anorganischer Formen
19 Kordelmuster
21 Abdrehspur
21 Strukturierung durch Beklopfen
22 Knibis-Technik
24 Kerben und Kannelieren
31 Red-Technik
35 Ritzdekor
37 Kammzug-Technik
38 Spiraldraht-Strukturierung
41 Einfärben keramischer Massen
44 Marmorierung des Scherbens
45 Intarsien- und Einlege-Techniken
46 Muster durch verschiedenfarbige Massen
48 Farbige Gießmassen-Muster
54 Facettierung
55 Perforations- und Durchbruch-Techniken
60 Reiskorn-Technik
60 Porzellanspitzen
61 Dekorative Aufbau-Techniken
63 Champlevé-, Cloisonné- und Email-ombrant-Techniken
65 Stegkeramikplatte
69 Schweißdraht-Stege
69 Cuerda secca-Technik
69 Cuenca-Technik
71 Glasurstege
71 Rollsiegel
72 Lithophanie
74 Stempeldekor

75 Plastische Dekore
80 Pâte sur pâte-Technik

81 **Engobe- oder Barbotine-Techniken**
83 Pinselmalerei mit Engobe
85 Malhörnchen-Technik
88 Marmorierung durch Engobe
88 Federzug-Technik
90 Verblase-Technik
90 Schwämmeln mit Engobe
92 Sgraffito-Technik
92 Sgraffiato-Technik
93 Zerfließ-Technik
95 Terra Sigillata
96 Hakeme-Technik

97 **Wachsausspar-Technik**

99 **Schablone-Technik**

103 **Pinselmalerei**

103 Pinsel-Technik
107 Rändern, Bändern, Linieren
108 Unterglasurmalerei
108 Smaltemalerei bei salzglasiertem Steinzeug
114 Unterglasurgemaltes Steinzeug
114 Unterglasurgemaltes Steingut und Porzellan
117 Unterglasurmalerei mit Metallsalzlösungen (Lösungsfarben)
117 Farbstiftdekoration, kombiniert mit Pinselmalerei
121 Halbfayence
121 Inglasur- oder Fayencemalerei (Majolikamalerei)

125	Lüsterfayence	148	Ätzkantendekor
126	Verspritzdekor	148	Ätzkantenimitation
127	Glasurmalerei		

129	**Blatt-Temmuko**	151	**Übertragen von Entwürfen auf keramische Gegenstände**

131	**Aufglasur- oder Schmelzfarbenmalerei**	153	**Glasier-Techniken**
		153	Aufbereiten der Glasur
134	Blumenmalerei	157	Tauchen, Übergießen, Spritzen
135	Stupfen von Flächen und Fonds	160	Übereinanderlegen von Glasuren
137	Spritzen von Flächen	160	Auffangglasur
137	Zeichnen, Schrift- und Ecaillemalerei		
137	Staffage	163	**Einteilung eines Gefäßes**
137	Rändern, Bändern, Linieren		
142	Camaieu- und Grisaillemalerei	165	**Dank**
142	Scharffeuermalerei		
142	Kombination von Unter- und Aufglasurmalerei	166	**Anhang**
		167	Glasurversätze und Engoben aus der Praxis
143	**Edelmetalldekoration**	170	Bezugsquellen
143	Edelmetalldekoration mit flüssigen und pulverförmigen Präparaten	175	Urheber
146	Goldrelief	176	Fotos
146	Lüsterdekoration	176	Register

Vorwort

Keramik gestalten heißt (im Gegensatz zu anderen künstlerisch-gestaltenden Tätigkeiten) ein Objekt bearbeiten, das in Beschaffenheit und Farbe erst durch einen späteren Verfahrensschritt (den keramischen Brand) seinen Endzustand erhält. Gekonntes Gestalten von Keramik setzt daher Kenntnisse und Erfahrungen über stoffliche und verfahrenstechnisch bedingte Vorgänge in den sehr unterschiedlichen keramischen Werkstoffarten und Dekormedien voraus.

So haben die fachlichen Überschneidungen und die personelle Ergänzung der Lehrpersonen bei der Ausbildung zum Keramik-Gestalter (Staatliche Fachschule) und der Ausbildung zum Keramik-Ingenieur (Fachhochschule) am historischen Standort Höhr-Grenzhausen beide Richtungen von jeher bereichert. Die Autorin war lange Jahre erfolgreiche Lehrkraft an der vormaligen Schuleinheit, der Staatlichen Ingenieur- und Werkschule für Keramik in Höhr-Grenzhausen.

Die reifen beruflichen Erfahrungen von Frau Hildegard Storr-Britz, ihre weitreichenden Kontakte zu Fachleuten im In- und Ausland und ein bewundernswerter Fleiß ließen das vorliegende Fachbuch entstehen. Es schließt eine seit langem bestehende Lücke: als Lehrbuch in der Form einer anschaulichen Gesamtdarstellung alter und neuer handwerklicher Dekortechniken, als Brücke zwischen ästhetischer Vorstellung und technischer Ausführbarkeit, als Grundlage zur Bereinigung und zum besseren Allgemeinverständnis der Fachsprache und als Nachschlagwerk für alle, die sich wissenschaftlich und publizistisch mit der Beschreibung handwerklich gestalteter Keramikoberflächen befassen.

Höhr-Grenzhausen, im Juni 1982

Prof. Dr.-Ing. Helmut Rasch
Fachhochschule des Landes Rheinland-Pfalz

Zum Gebrauch des Buches

Nach der Formgebung kommt der keramischen Oberflächengestaltung eine wesentliche und oft auch ausschlaggebende Bedeutung zu. Schon die Wahl des Materials, sei es Porzellan-, Steingut-, Steinzeug- oder schamottierte Masse, verlangt eine ästhetische Entscheidung.

Auch die Formgebungstechniken, wie z.B. die Strukturen durch Tonwülste beim Aufbauen, oder die Rillen beim Freidrehen, können dekorativen Charakter haben.

Glasuren, die dem Scherben aufgebrannt werden, prägen den Gegenstand ganz entscheidend, ob dies nun durch schlichte oder sehr betonte Kunstglasuren geschieht.

Ein anderes, großes Gebiet keramischer Gestaltung bietet sich durch eine Fülle von Dekortechniken an. Sie können sowohl auf porösem Tongut angewandt werden, zu dem z.B. Terrakotta, Irdenware, Fayence oder auch Steingut gehören, als auch auf wasserdichtem Tonzeug und Sinterware, wozu u.a. Steinzeug, salzglasiertes Steinzeug und Porzellan zählen. (Von Laien wird Porzellan oft fälschlicherweise nicht zur Keramik gerechnet.)

Dieses Buch befaßt sich vornehmlich mit den Dekortechniken. Es soll dargestellt werden, welche prinzipiellen Möglichkeiten dekorativer Oberflächenbehandlung bestehen – vom geordneten Ornament und wohl gesetzten Muster bis zur freien Strukturierung – und wie sich diese technisch verwirklichen lassen.

Das Buch soll vor allem aber auch zu selbständigem Arbeiten und zum Experimentieren anregen. Die Illustrationen mögen helfen, die technischen Arbeitsvorgänge besser zu verstehen. Technische Verfahren sind wie Handwerkszeug, mit dem man lernen muß umzugehen. Durch Übung kommt man zu Erfahrungen und mit der Erfahrung schließlich auch zur Meisterschaft.

Das Spiel mit den Mitteln, d.h. das spielerische Arbeiten mit dem Material und mit dem entsprechenden Handwerkszeug, sollte man niemals vergessen. Es ist, meiner langjährigen Lehrerfahrung nach, nicht nur ein guter Weg, um sich die Techniken anzueignen, sondern auch, um zu eigenständigen Resultaten zu kommen. Auf diese Weise vermeidet man, Dekore zu ,,machen", sondern man läßt sie ,,wachsen", wie der Japaner Soetsu Yanagi sagt.

Kenntnisse in Formgebungstechniken wie Aufbauen, Drehen, Gießen, Ein- und Überdrehen und die verschiedenen Brennverfahren wie z.B. oxidierendes und reduzierendes Brennen müssen als bekannt vorausgesetzt werden.

Bezugsquellen sind im Anhang angegeben. Glasuren kann man zwar kaufen, aber auch hier wird eine individuelle Handschrift erst durch eigene Versuche erreicht. Einige Glasurversätze sind daher im Anhang aufgeführt, die dazu anregen sollen, abzuwiegen, aufzubereiten, einzufärben und ggf. auch weiterzuentwickeln.

Vorbilder sind wichtig zur Bildung des Qualitätsempfindens. Das beigefügte Bildmaterial stammt sowohl von international bekannten als auch von weniger bekannten Keramikern unserer Zeit. Die wenigen Abbildungen historischer Techniken können vielleicht den Leser und Benutzer dieses Buches zu einer Umsetzung in unsere heutige Sprache anregen.

Alle hier abgebildeten Arbeiten der Keramiker sollen zeigen, wie Oberflächenstrukturen und Dekore angewandt werden können und sollen zu eigenständigem Umgang mit den genannten Techniken auffordern.

Scherbendekore

Unter Scherben versteht der Keramiker nicht nur das Bruchstück eines Tongefäßes, sondern auch die Gefäßwandung, die durch Formgebungstechniken wie Aufbauen, Freidrehen, Gießen usw. entsteht, aber ebenso verallgemeinernd den keramischen Werkstoff bzw. das Werkstück mit seinen Eigenschaften.
Wir sprechen von rohem, d.h. ungebranntem Scherben,
von grünem und lederhartem, d.h. noch feuchtem, wenn auch bereits relativ festem Scherben, in den sich schneiden und gravieren läßt.
Ist das Wasser des Tones verdunstet, so ist der Scherben lufttrocken.
Wir sprechen weiter von geschrühtem, d.h. niedrig (bei etwa 900°C) vorgebranntem und dadurch in der Form nicht mehr veränderbarem Scherben,
von porösem (wasserdurchlässigem), gesintertem (wasserdichtem), transparentem (lichtdurchlässigem) und glattgebranntem Scherben, der durch aufgeschmolzene Glasur glatt geworden ist.
Aufgrund der Bildsamkeit keramischen Materials sind gerade die Oberflächenbehandlungen und Ornamente, die vom lederharten Scherben ausgehen, d.h. die in den Scherben eingearbeitet, oder auf den Scherben aufgetragen werden, besonders häufig. Sie wurden schon von den Töpfern vorgeschichtlicher Zeit in überzeugender Weise angewandt und regen noch heute zu immer neuen Variationen an.

Abb. 1 Maria Martinez (USA). Vase, um 1950. Aus rotem Ton aufgebaut. Durch Rohpolieren seidigglänzendes, schwarzes Ornament auf mattem, anthrazitfarbenem Hintergrund. *H = 18 cm. Museum of the American Indian, Heye Foundation, New York.*

Rohpolieren

Zu den elementaren, sehr frühen Oberflächenbehandlungen keramischer Gefäße durch den Menschen gehört das Rohpolieren des lederharten Scherbens. Noch heute wird diese Technik in verschiedenen Teilen der Welt gepflegt. So dekorieren z.B. mittelamerikanische Indianer, wie das beigefügte Beispiel zeigt, ihre handaufgebauten, dünnwandigen Töpfe auf diese Weise.

Der Scherben aus rotem Ton wird in lederhartem Zustand nochmals mit einem eisenhaltigen, aufgeschlämmten Ton überzogen. Auf dieser noch feuchten Schicht werden Dekorformen so lange mit flachen, glatten Kieselsteinen, Knochen oder Löffeln glattgerieben, bis sie glänzen.

Der Glanz bleibt auch im Reduktionsbrand erhalten, durch den der Scherben eine durchgehend anthrazitschwarze Farbe erhält. In feinem Gegensatz stehen nun die seidig glänzenden, tiefschwarzen Dekorelemente zu dem anthrazitschwarzen, matten Hintergrund.

Die Gefäße sind unglasiert und werden nur einmal in einem Grubenbrand bei etwa 900°C gebrannt (s. *Abb. 1*).

Bizen-Keramik

Bei diesem rustikalen Herstellungsverfahren handelt es sich um eine alte, ursprünglich koreanische Technik. Sie kommt der weltanschaulichen Vorliebe vieler kunstsinniger Asiaten für Asymmetrie, für das Nicht-Perfekte und Naturhafte entgegen.

Aus heller oder auch sehr eisenhaltiger, sandiger Masse werden Gefäße entweder freigedreht oder aber in Wülsten aufgebaut und danach häufig nochmals auf der Scheibe nachgedreht. Unglasiert werden die Stücke dann in lufttrockenem Zustand in den Ofen gesetzt und dabei mit in Salzwasser eingeweichtem Stroh umwickelt. Daniel Rhodes (USA) benutzt nicht brennbaren Asbeststoff, um Holzkohle, Pflanzen, Seetang usw. um seine Keramiken zu packen.

In Wechselbränden (japanisch „higawari" genannt), d.h. in abwechselnd oxidierender und dann wieder reduzierender Atmosphäre des Holzfeuerofens, bei relativ hohen Brenntemperaturen von 1280°C–1300°C, bildet die Asche der organischen Substanzen zusammen mit Bestandteilen des Tones glasierte Stellen, Flecken und Streifen auf der im übrigen unglasierten Oberfläche. Dies heißt im Japanischen „hidasuki": „gebrannte Fäden".

Teilglasierungen lassen sich auch erreichen durch Aschenanflug (japanisch „haikawari") oder durch Einsetzen der Gegenstände in mit Sägemehl gefüllte Kapseln.

Werden reduzierend gebrannte Gefäße einer Sturzkühlung ausgesetzt (d.h. einer schnellen Abkühlung des Ofens auf etwa 800°C nach Erreichen der Glattbrandtemperatur), entsteht die sogenannte „blaue Bizen-Ware" mit dunklen, manchmal metallisch schimmernden Verfärbungen.

Die Oberflächenbelebung und -bereicherung der Bizen-Keramik ist im Detail unwiederholbar und bildet mit dem Gegenstand zusammen eine organische, Ruhe ausstrahlende Einheit (s. *Abb. 2*).

Abb. 2 Bizen-Keramik (Japan). Vase. Aus sandiger Masse freigedreht. Unglasiert. Mit dunkler, glänzender Zeichnung durch Stroh, das im Glattbrand auf dem Gegenstand verbrannte und die „Fäden" (japanisch: „hidasuki") hinterließ.

Abb. 3 Finger als Werkzeug.
Mit rhythmischen Fingereindruck in weichen Ton lassen sich dekorative Formen erzeugen.

Abb. 4 Abdruck organischer und anorganischer Formen in weichem Ton wie z.B. Baumblätter, Steine, Muscheln, Rinde, Kerne, Spitzen usw. erzeugt Oberflächenstrukturierungen aller Art.

Abb. 5 Holzkanteneindruck in weichem Ton

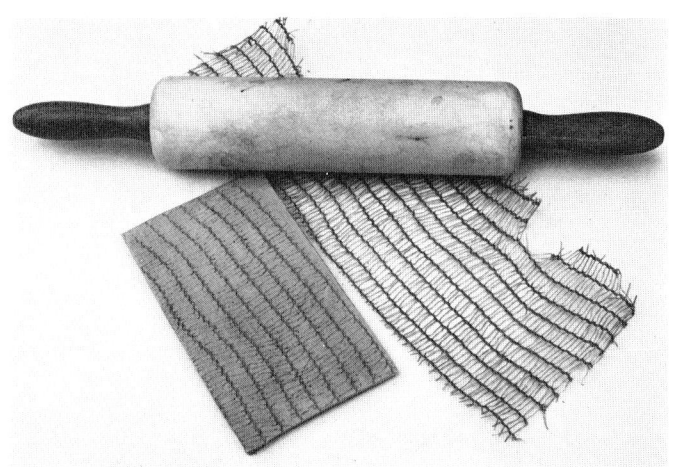

Abb. 6 Textilabdruck in weichem Ton mit Hilfe eines Teigrollers

Abdruck organischer und anorganischer Formen

Die Spur der Hand in feuchtem, weichem Ton gehört sicher zu den ersten wichtigen Erfahrungen des Menschen mit dem keramischen Werkstoff. Durch den als Stempel benutzten, rhythmisch eingedrückten Finger oder rhythmisch angedrückte Tonwülste an ein Gefäß entstehen elementar-dekorative Wirkungen (s. *Abb. 3*).

Auch organische oder anorganische Dinge unserer Umgebung eignen sich zu Werkzeugen, mit denen sich entweder Strukturierungen oder auch geordnete Muster in den lederharten Scherben drücken lassen: Gräser, Stroh und Blätter (s. *Abb. 4; 7*), Holz (s. *Abb. 5; 8; 10*), Rinde, Steine, Muscheln, Knochen, Nußschalen, geflochtene Matten, Drahtgeflecht und Textilien (s. *Abb. 6; 9*), Spitzen, Schlüssel und Schrauben (s. *Abb. 11*) usw.

Auch einen Teigroller oder eine kleine Gummiwalze zum An- und Eindrücken kann man zu Hilfe nehmen. In vielen Fällen werden die Tonplatten in weichem Zustand strukturiert und erst in lederharter Konsistenz zu Gefäßen montiert. Verschiedene Glasuren wie z.B. transparente, halbopake oder auch opake Glasuren lassen sich bei diesen Gestaltungen verwenden.

Die nebenstehende Abbildung zeigt eine Vase, die aus einer Tonplatte aufgebaut ist.

Abb. 7 Antje Brüggemann-Breckwoldt (BRD). Vase. 1974. Aus einer Tonplatte mit dem Abdruck eines Kürbisblattes aufgebaut. Vertiefungen sind mit Eisenoxid und schwarzer Glasur eingerieben. Darüber grauweise, matte Zinnglasur. Reduzierend im elektrischen Ofen bei 1300° C glattgebrannt.
*H = 34,8 cm B = 23,6 cm, T = 8,5 cm.
Sammlung Dr. Thiemann, Hamburg.*

Abb. 8 Karl Heinz Hensellek (BRD). Vasen. 1976. Belebung der Oberfläche durch Holzkanteneindruck und Rillen. Beigebraune Steinzeugglasur. *Eckige Vase: H = 9,5 cm, B = 13,5 cm. Runde Vase: H = 9,5 cm, Durchmesser 16,6 cm. Keramikmuseum Westerwald, Höhr-Grenzhausen.*

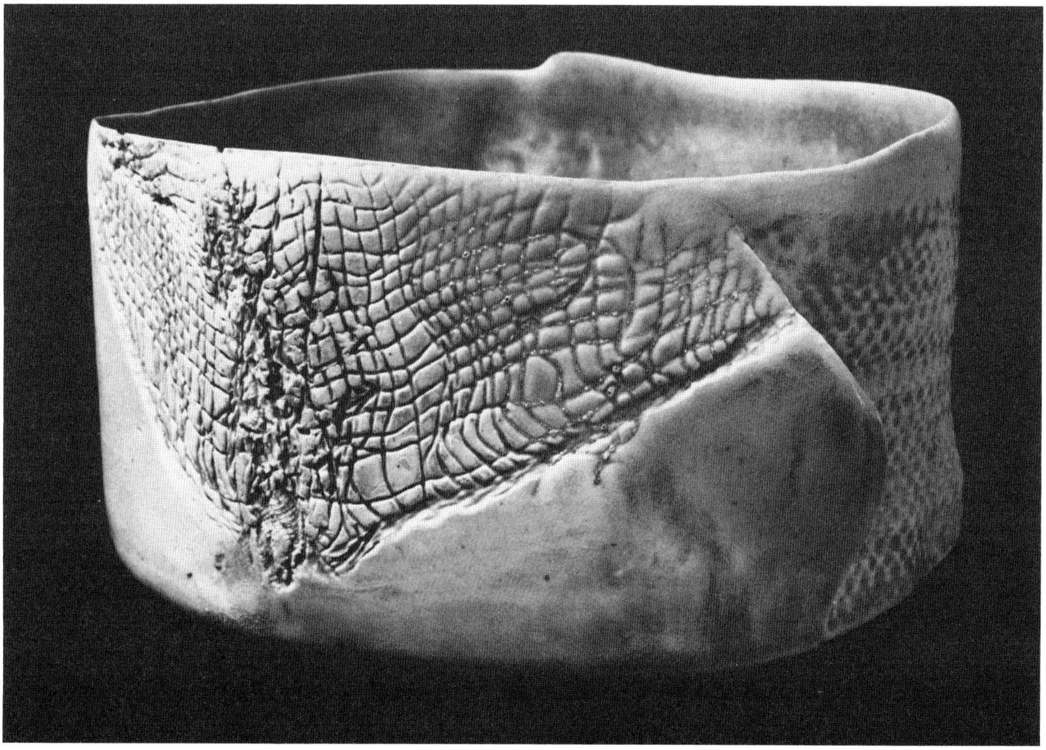

Abb. 9 Ruth Duckworth (USA). Kumme. 1975. Gebaut aus Porzellanplatten mit Drahtgeflechtabdruck und eingeklopfter Struktur. Transparent glasiert mit leicht grünlichem Schimmer. Reduktionsbrand bei 1280°C. *H = 10 cm, Durchmesser 22 cm. Museum für moderne Keramik, Stadtmauergasse, Deidesheim.*

Abb. 10 Dieter Crumbiegel (BRD). Kubusgefäß. 1979. Aus Tonplatten aufgebaut. Oberflächenbelebung durch Holzkanteneindruck. Braune und weißgraue Glasur. Oxidierend bei 1320°C im elektrischen Ofen glattgebrannt. *H = 21 cm.*

*Abb. 11 Lotte Reimers (BRD).
Wandplatte. 1981.* Schamottierte Masse. Unterteilung durch diagonale Streifen aus eingedrückten Schraubenköpfen und gekantetem Holz. *H = 22 cm, B = 24 cm.*

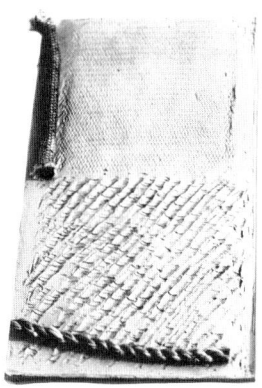

Abb. 12 Kordelabdruck in weichem Ton

Abb. 13 Japanische Werkzeuge für Kordelabdruck. Kordelumwickelte Holzstäbe und Kordeln für Kordelmuster.

Kordelmuster

Kordelmuster gehören ebenfalls zu den sehr frühen Dekortechniken. Heute ist der Japaner Tatzuzo Shimaoka berühmt für diese in Japan „Jomon" genannte Strukturierung, was soviel wie „kordelgemustert" bedeutet. Der frisch gedrehte Topf darf nicht mehr an den Fingern „kleben", wenn Kordelstückchen von etwa 10 cm Länge und 0,5 bis 1,5 cm Dicke oder aber Rundhölzer, die mit Kordel umwickelt sind, mit dem Handballen über die Gefäßoberfläche gerollt und eingedrückt werden. Die linke Hand dreht zur gleichen Zeit die Scheibe weiter, auf der das Gefäß steht (s. *Abb. 12*).

Kordelsorten verschiedener Art hinterlassen unterschiedliche Spuren (s. *Abb. 13*, Japanische Kordeln).

Die Kordelvertiefungen werden bei farbigem Ton mit heller Engobe und umgekehrt, diejenigen eines hellen Tones mit dunkler Engobe, Metalloxid wie Braunstein oder Dekorfarben eingerieben.

Nachdem das Gefäß dann lufttrocken ist, wird die Engobe bzw. das Oxid oder die Dekorfarbe mit einem trockenen Schwamm oder einem elastischen Metallplättchen von der Topfoberfläche entfernt, so daß sich die Kordelstrukturierung hell auf dunklem Grund oder dunkel auf hellem Grund abhebt. Nach dem Schrühbrand (Vorbrand bei 950°C) kann mit transparenter, halbopaker oder z.B. einer Seladonglasur glasiert werden (s. *Abb. 14; 53*).

Abb. 14 Tatsuzo Shimaoka (Japan). Vase. 1977. Freigedreht aus eisenhaltigem, sandigem Ton. Kordelmuster. Salzbrand bei 1280°C im Holzfeuerofen. *H = 18 cm.*

Abb. 15 Abdrehspur an lederhartem Gefäß durch vibrierendes Abdreheisen.

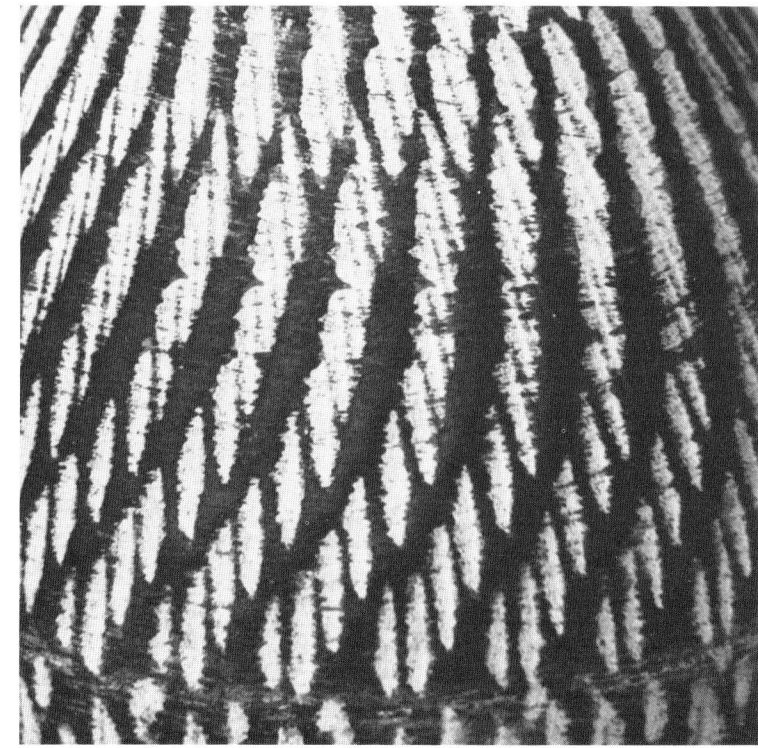

Abb. 16 Abdrehspuren sind in den Vertiefungen durch Eintauchen in helle Engobe hell gefärbt, während die nicht vertieften Stellen durch Überrändern mit dunkler Engobe und Breitpinsel dunkel sind.

Abdrehspur

Ähnlich in der Wirkung wie das Kordelmuster ist die Abdrehspur durch ein vibrierendes Abdreheisen, das auf lederhartem Gefäß eine Struktur von vertikalen Kerben hinterläßt, die insgesamt Diagonalen oder (auf Schalen) Spiralen bilden. Schlechtes Abdrehen ist ein Fehler, wird hier aber (mit Absicht) zu einem ästhetischen Mittel (s. *Abb. 15*).

Soll das vertiefte Ornament in der Scherbenfarbe erscheinen, wird der Gegenstand mit kontrastierender Engobe geründert. Dadurch sind die erhabenen, nicht gekerbten Flächen getönt, das Kerbmuster wird ausgespart und kommt besser zur Geltung.

Man kann aber auch die vertieften Kerben tönen, indem man den Gegenstand in Engobe taucht. Die Abdrehspur hebt sich dadurch (s. *Abb. 16*) hell von dem anschließend dunkel überränderten Gefäß ab. Auf diese Weise lassen sich verschiedene Farbkombinationen zusammenstellen.

Bei entsprechend hohem Brand, durch den die Gefäße wasserundurchlässig werden, ist ein Glasieren nicht notwendig. Prinzipiell aber können diese strukturierten Gefäße nach dem Schrühbrand mit verschiedenen Glasurtypen glasiert und gebrannt werden (s. *Glasurversätze und Engoben aus der Praxis*).

Strukturierung durch Beklopfen

Werkzeuge zur Strukturierung keramischer Oberflächen lassen sich leicht aus hölzernen Kochlöffeln oder dünnen Latten herstellen. Man schneidet oder kerbt hierzu ein Muster in das Holz (s. *Zeichnung unten*) oder umwickelt ein Flachholz mit Kordel. Mit solchem Werkzeug klopft man die noch relativ weiche, aber nicht mehr klebende Gefäßwand, wodurch Oberflächenbelebungen entstehen, welche die Form nicht zerstören.

Klopfinstrumente für Ornamente

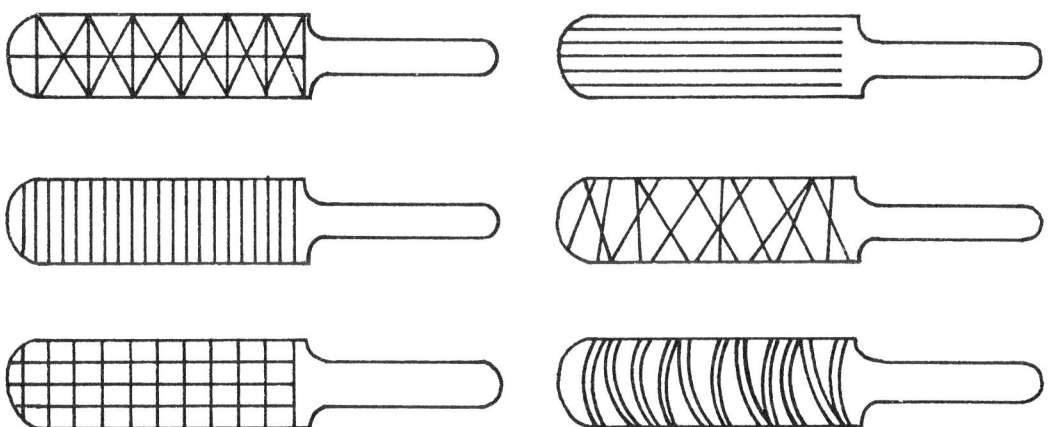

Knibis-Technik

Der Ursprung des Wortes ist ungewiß. Seit Jahrhunderten wird diese Technik hauptsächlich zur Dekoration salzglasierten, rheinischen Steinzeugs angewandt. Das Knibis-Werkzeug ist ein 1–3 cm breites Flachholz (s. *Abb. 17*), das schräg in wiegender Bewegung in den lederharten Ton, in enger oder weiter, bogen- oder kreisförmiger Führung eingedrückt wird.

Knibis wird häufig auch mit Dekortechniken wie Red (s. *Red-Technik*) und eingedrückten oder aufgesetzten Stempeln (s. *Stempel-Techniken*) kombiniert. Um die Muster sichtbarer zu machen, werden die Knibis-Vertiefungen mit Smalte (s. *Smaltemalerei*) eingerieben.

Die dünne Salzglasurschicht ist ideal für diese Dekore, da sie alle Vertiefungen und Erhöhungen zur Geltung kommen läßt, während eine dicke Glasur sie fast zudecken würde (s. *Abb. 18; 19; 20*).

Abb. 17 Knibis-Technik. Mit verschiedenen Knibishölzern können vielfältige Muster in den lederharten Ton gedrückt werden (im Vordergrund der Abbildung Red-Hölzer).

Abb. 18 Wim Mühlendyck (BRD). Kaffeekännchen. 1981. Aus heller Masse freigedreht und in lederhartem Zustand mit vertikalen und horizontalen Knibismustern dekoriert. Mit schwarzbrauner Smalte überspritzt. Salzbrand bei 1250°C. *H = 12 cm.*

Abb. 19 Wim Mühlendyck (BRD). Wandteller. 1950. Aus heller Masse freigedreht. In der Mitte Knibisornament. Mit schwarzbrauner Smalte überspritzt. Salzbrand bei 1250°C. Ein Beispiel für die große Wirkung sparsamster Mittel. *Durchmesser 32 cm.*

Abb. 20   Schülerarbeit der Staatlichen Fachschule für Keramik, Höhr-Grenzhausen.   Platte mit Froschmotiv. 1969. Red- und Knibis-Technik. Mit blauer und schwarzer Smalte ausgelegt. Salzbrand bei 1250° C. Format 15 cm × 15 cm.

Kerben und Kannelieren

In *Abbildung 21* sind einige Werkzeuge zu sehen, mit denen sich in den lederharten Ton Muster kerben (s. *Abb. 22; 23; 24*), kratzen (s. *Abb. 25*) und kannelieren bzw. mit einer Metallschlinge herausschneiden lassen (s. *Abb. 26; 27; 28; 31*).

Auch durch „Verschieben" des Tones (s. *Abb. 29; 30*) entstehen interessante Dekore. Unerschöpflich scheinen die Variationsmöglichkeiten zu sein und zu immer neuen Entdeckungen anzuregen. Unterschiedliche Glasuren (s. *Glasurversätze und Engoben aus der Praxis*) sind mit diesen Dekoren kombinierbar.

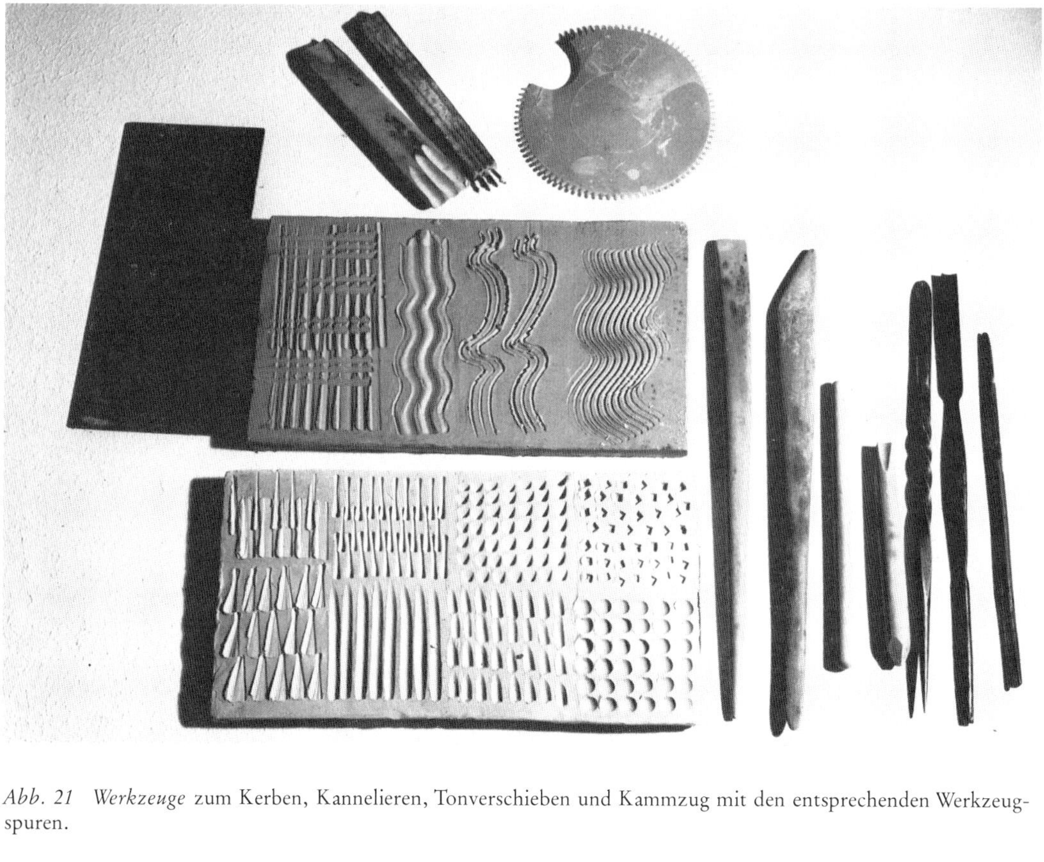

Abb. 21   Werkzeuge zum Kerben, Kannelieren, Tonverschieben und Kammzug mit den entsprechenden Werkzeugspuren.

Abb. 22 Eva Wurm (BRD). Vase. 1956. Schülerarbeit der Staatlichen Fachschule für Keramik, Höhr-Grenzhausen. Aus hellem Ton freigedreht. In lederhartem Zustand eingekerbtes Ornament. Mit Kölschbraun überspritzt. Salzbrand bei 1250°C. H = 12 cm.

Abb. 23 Christian Klenner (BRD). Vase. 1969. Schülerarbeit der Staatlichen Fachschule für Keramik, Höhr-Grenzhausen. Freigedreht aus hellem Ton. In lederhartem Zustand gekerbt und mit grauschwarzer Smalte überspritzt. Salzbrand bei 1250°C. H = 14,5 cm. Mittelrheinisches Landesmuseum, Mainz.

Abb. 24 Hildegard Storr-Britz und James Storr (BRD/GB). Vase. 1966. Freigedreht aus hellem Ton. In lederhartem Zustand gekerbt und mit Kölschbraun überspritzt. Salzbrand bei 1250° C. H = 11 cm, Durchmesser 17 cm. Hetjens-Museum, Düsseldorf.

Abb. 25 Hildegard Storr-Britz und James Storr (BRD/GB). Vase. 1970. Aus hellem Ton freigedreht. In lederhartem Zustand Strukturierung der Oberfläche durch Kratzen mit gezahntem Instrument. In Vertiefungen grauschwarze Smalte eingerieben. Salzbrand bei 1250° C. H = 38 cm, Durchmesser 30 cm. Keramion, Frechen.

Abb. 26 Bernard Leach (GB). Vase. 1959. Aus Steinzeugton freigedreht. Mit Metallschlinge kanneliert. Glasiert mit Temmuko-Glasur. Bei Steinzeugtemperatur glattgebrannt. H = 36,8 cm. Victoria und Albert Museum, London.

Abb. 27 Gerd Knäpper (BRD/Japan). Ovale Vase. 1979. Aus heller Steinzeugmasse freigedreht und oval gedrückt. Dekor in lederhartem Zustand mit einer Schlinge aus der Scherbenwand geschnitten. Matt-weiße Feldspat-Glasur. Glattbrand bei 1280°C im Gasofen. *H = 24 cm.*

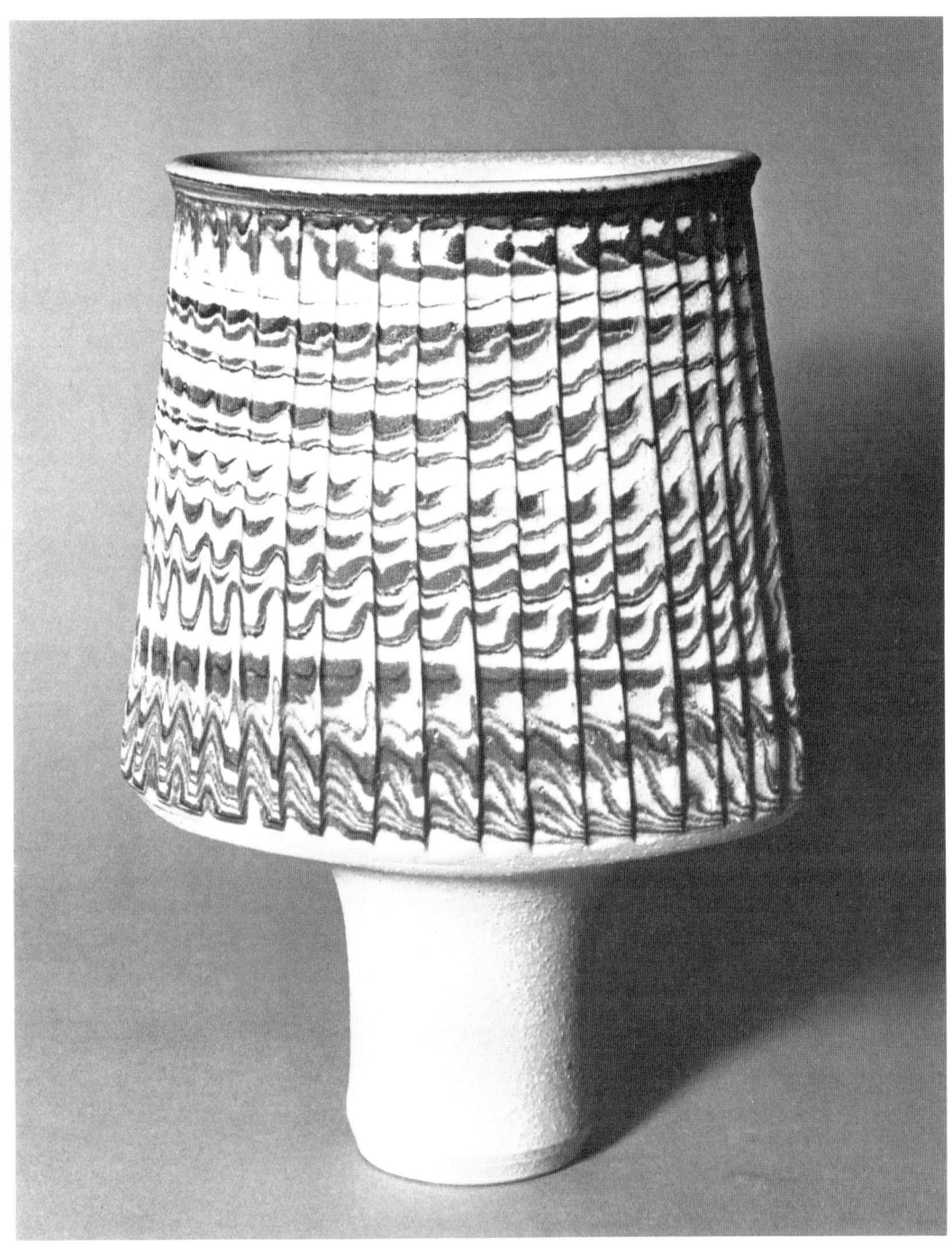

Abb. 28 Robin Hopper (Kanada). Vase. 1980. Freigedreht aus dreifarbiger Porzellanmasse. In lederhartem Zustand mit Metallschlinge kanneliert. Interessante Kombination von Marmorierungs-Technik und Kannelierung. Außen unglasiert. Im Gasofen bei 1290°C glattgebrannt (Einbrandverfahren). *H* = 23 *cm*.

Abb. 29 Heide Finkler (BRD/USA). Vase. 1959. Schülerarbeit der Staatlichen Fachschule für Keramik, Höhr-Grenzhausen. Freigedreht aus hellem Ton. Dekoriert durch Schaben und „Verschieben" des Tones in lederhartem Zustand. Mit blauer Smalte ausgelegt. Salzbrand bei 1250° C. H = 14 cm. Mittelrheinisches Landesmuseum, Mainz.

Abb. 30 Mir Alan Hunaria (Afghanistan). Zylindrische Vase. 1970. Schülerarbeit der Staatlichen Fachschule für Keramik, Höhr-Grenzhausen. Freigedreht aus hellem Ton. In den lederharten Ton geschabtes Ornament. Überspritzt mit grauschwarzer Smalte. Salzbrand bei 1250° C. H = 13 cm, Durchmesser 8,5 cm. Mittelrheinisches Landesmuseum, Mainz.

Abb. 31 Karl Scheid (BRD). Ovale Vase. 1975. Oberteil glockenförmig freigedreht und dann oval gedrückt und auf eine Tellerform, die oval geschnitten wurde, montiert. Reliefdekor aus der lederharten Gefäßwand mit einer Metallschlinge geschnitten und geschabt. Nach dem Schrühbrand mit grünlichbeiger Glasur glasiert. Bei 1360°C im Ölofen glattgebrannt. *H = 11 cm, L = 15 cm, T = 13,5 cm. Keramikmuseum Westerwald, Höhr-Grenzhausen.*

Red-Technik

Red ist eine im Rheinland bei salzglasiertem Steinzeug gebräuchliche Technik. Die Herkunft des Wortes „Red" ist ungeklärt. Mit einem hölzernen Messerchen, dem Red-Holz (s. *Abb. 32; 33*) oder einem schräg-spitzen Metallmesserchen wird das Ornament in den lederharten Scherben geschnitten. Entlang der Schnittlinie entstehen leicht erhöhte Kanten, so daß die Smalten (s. *Smaltemalerei*), die in die Zwischenfelder gelegt werden, nicht aus- oder ineinanderfließen können. Die Red-Dekore werden gerne mit Knibis- oder Stempel-Techniken kombiniert (s. *Abb. 34; 35; 36*).

Auch mit Rädchen können Wellenlinien oder Strukturierungen in den Scherben geschnitten bzw. gedrückt werden. Auf S. 32 wird die Wirkung der Red-Linien verdeutlicht.

Abb. 32 Red-Technik. Dekorieren eines lederharten Gefäßes durch Einschneiden der Red-Linien in die Gefäßoberfläche.

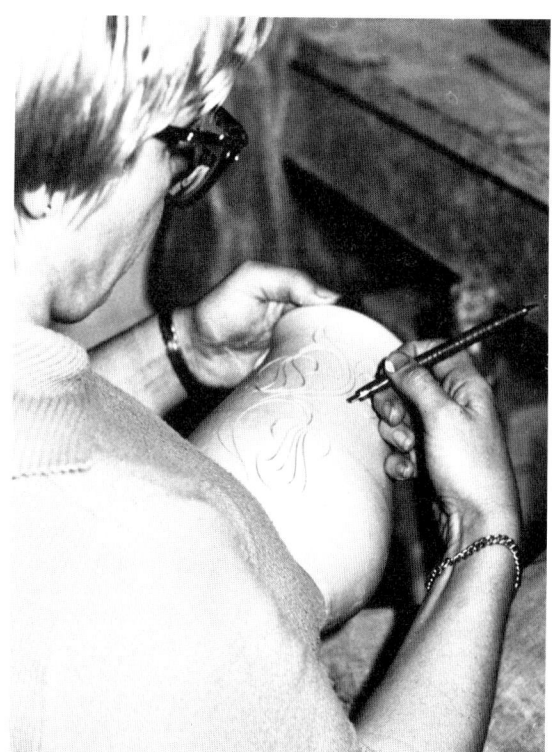

Abb. 33 Schneiden weichen Tones. Mit dem Red-Holz oder Red-Eisen eingeschnittene Linien in den weichen Ton, wodurch die Kanten leicht erhöht werden.

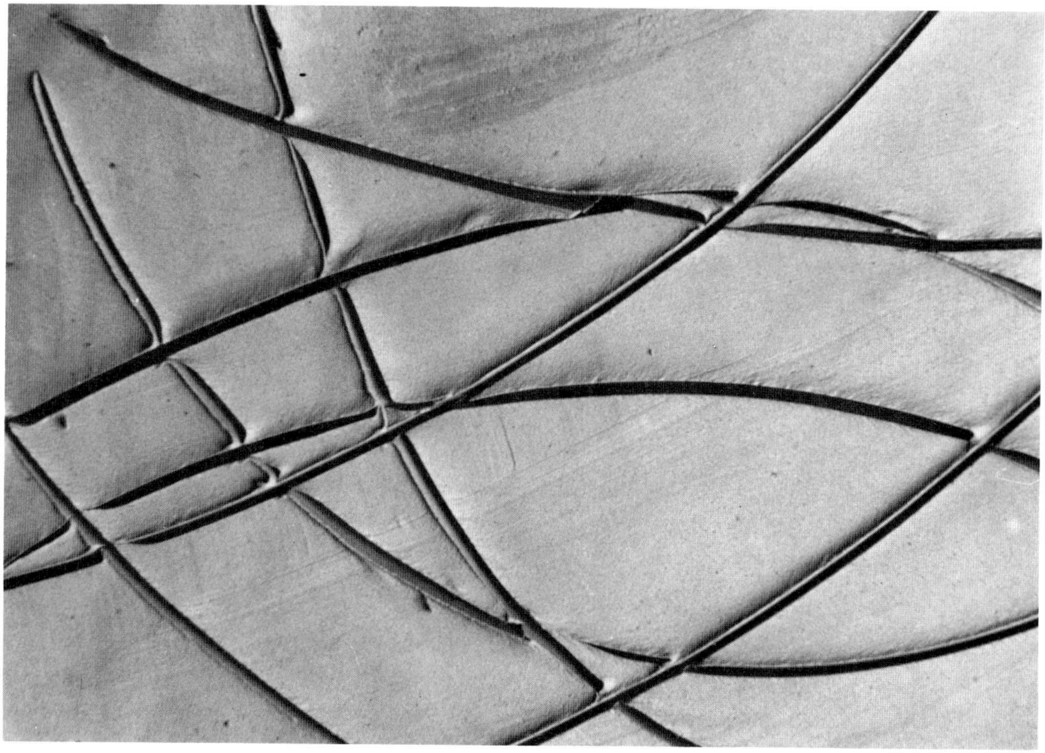

Abb. 34 Wim Mühlendyck (BRD). Vase mit zwei Henkeln. 1977. Kombination von Red- und Knibis-Technik auf freigedrehtem Gefäß. Mit violetter und blauer Smalte ausgelegt und kölschbraun überspritzt. Salzbrand bei 1250° C. H = 48 cm.

Abb. 35 Jürgen Fleissig (BRD). Vase. 1951. Schülerarbeit der Staatlichen Fachschule für Keramik, Höhr-Grenzhausen. Freigedreht aus hellem Ton. In lederhartem Zustand eingeschnittenes Ornament. Kölschbraun überspritzt. Salzbrand bei 1250°C. $H = 55$ cm.

Abb. 36 Irene Bornhausen (BRD). Krug. 1960. Schülerarbeit der Staatlichen Fachschule für Keramik, Höhr-Grenzhausen. Aus hellem Ton freigedreht. In lederhartem Zustand eingeschnittenes Ornament. Kölschbraun überspritzt. Salzbrand bei 1250°C. $H = 16$ cm.

Abb. 37 Schülerarbeit der Staatlichen Fachschule für Keramik, Höhr-Grenzhausen. Schale. Um 1960. In den lufttrockenen Scherben eingeritzte und dadurch etwas gesplitterte Dekorlinien. Mit blauer Smalte ausgelegt. Salzbrand bei 1250°C. H = 16 cm, Durchmesser 28 cm.

Ritzdekor

Ritzt man in den lufttrockenen Scherben, so splittert er ein wenig, und im Gegensatz zur Red-Technik entstehen keine erhöhten Kanten. Die Wirkung ist daher eine andere, aber nicht weniger reizvoll, wie an *Abb. 37* zu sehen ist. Auch die Ritztechnik ist mit sehr unterschiedlichen Glasuren zu vereinbaren (s. *Glasurversätze und Engoben aus der Praxis*).

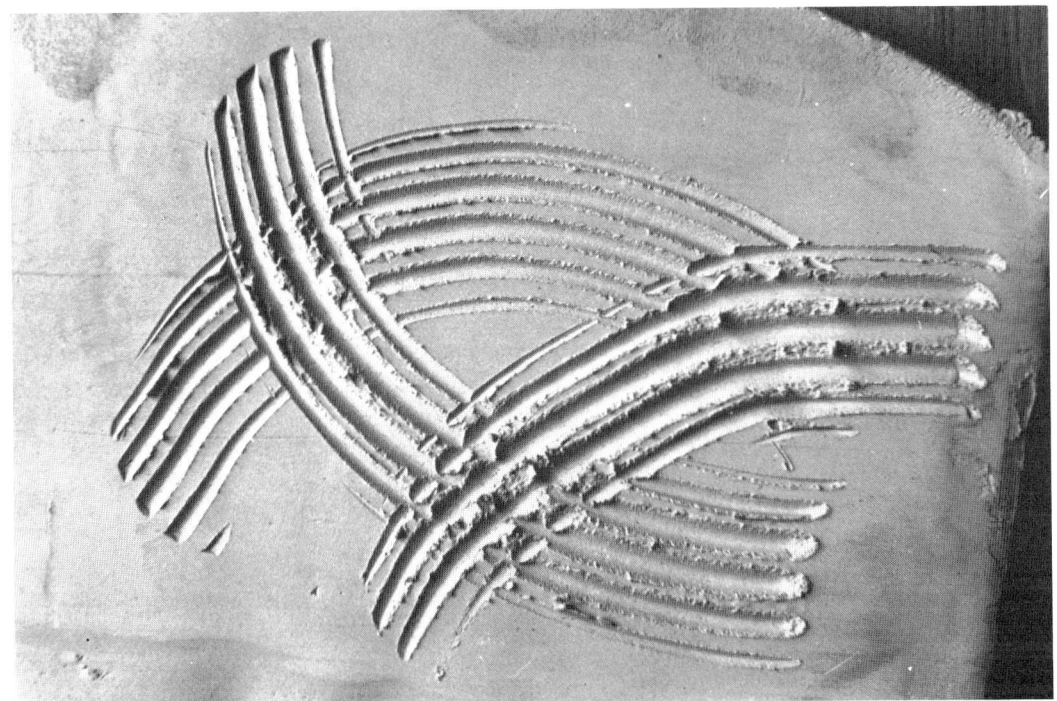

Abb. 38 Kammzug in weichem Ton

Abb. 39 Signe Lehmann-Pistorius (BRD). Offener Topf. 1978. Gebaut aus heller, schamottierter Masse. In lederhartem Zustand mit gekämmter Strukturierung versehen. Glasiert mit schwarzbraunen, rostroten und blaugrünen Glasuren. Bei 1280° C glattgebrannt. *H =37 cm, Durchmesser 34 cm. Museum für moderne Keramik, Stadtmauergasse, Deidesheim.*

Abb. 40 Bernard Leach (GB). Rechteckige Schale. 1950. Formgebung durch Überformen einer Gipsform. Ockerfarbener Engobeüberzug über hellem Scherben. Gekämmtes Ornament. Bleiglasur. Bei 1080°C in oxidierender Atmosphäre eines holz- und ölgefeuerten Ofens glattgebrannt. B = 28 cm, L = 36 cm.

Kammzug-Technik

Aus einem 2–5 cm breiten Flachholz werden kammähnliche Instrumente geschnitten mit Zähnen in regelmäßigen oder auch unregelmäßigen Zahnbreiten und Zahnabständen, je nach der gewünschten Wirkung. Auch Gabeln oder Schaber aus Metall oder Kunststoff können für diese Technik benutzt werden (s. *Abb. 21*).
Kammzugdekore lassen sich in lederharten Scherben, in eine noch feuchte, aber nicht mehr klebende Engobeschicht, Glasurüberzüge oder auch in mit Dekorfarbe bzw. Oxiden geränderte oder gespritzte Oberflächen ritzen (s. *Abb. 38*). Das Kammzugmotiv wird dabei spontan, aber beherrscht gezogen. Die etwas rauhen Ton- oder Engobereste, die auf dem gekämmten Scherben zurückbleiben, lassen sich in lufttrockenem Zustand mit einem Lappen wegreiben. Möchte man ein Kamm-Muster in eine bereits trockene Engobeschicht ritzen, splittert die Engobe etwas. Dies kann sehr reizvoll aussehen. Schärfere Ritzinstrumente sind in diesem Falle angebracht. (s. *Abb. 39*).
Daß die Ausnahme die Regel bestätigt, zeigt die rechteckige Schale von Bernard Leach (s. *Abb. 40*). Er hat eine helle, leicht schamottierte Tonplatte hergestellt (s. *Stegkeramikplatte*) und mit ockerfarbener Engobe überschüttet. Unmittelbar danach „kämmte" er das Ornament mit einem gezahnten, nierenförmigen Gummi in den noch nassen Beguß, so daß der Scherben sichtbar wurde.
Eine eckige Gipsform wurde, nachdem die Engobeschicht nicht mehr an den Fingern klebte, mit der dekorierten Tonplatte überformt. Mit einer Bleiglasur glasiert brannte er die Schale dann auf Tonbatzen und auf dem Rand gestülpt im Glattbrand.
Eine Kammzug-Variation wandte Dieter Crumbiegel bei seiner Wandgestaltung (s. *Abb. 45*) an, bei der er mit einer gezahnten Gipsschablone kreis- und halbkreisförmig weiche, schamottierte Masse strukturierte, die einzelnen Teile zu einer Komposition zusammenfügte und in den Putz der Wand einließ.
Bei engobierten, glasierten oder mit Oxiden oder Dekorfarbe überzogenen Oberflächen wird durch den Kammzug die darunterliegende Schicht freigelegt, so daß ein farbig reizvoller Gegensatz zum Untergrund entsteht. Kammzugdekore können unglasiert oder auch glasiert werden. Der Reiz dieser Dekoration liegt vor allem aber in der Spontaneität und der damit verbundenen Lebendigkeit der Einritzungen. Auf den Seiten 35 und 36 und auf dieser Seite finden Sie Abbildungen beispielhafter Keramiken, die mit Hilfe der Kammzug-Technik geschaffen wurden.

Spiraldraht-Strukturierung

Eine auseinandergezogene Drahtspirale wird zwischen einen Metallbogen gespannt. Aufgrund eines größeren oder kleineren Durchmessers der Spirale wird der Schnitt, den man damit durch eine weiche keramische Masse macht, ein gröberes oder feineres Muster hinterlassen. Kleine Höhenunterschiede während des Schneidens, die man mit ein wenig Übung schnell unter Kontrolle hat, ergeben interessante, nur bedingt wiederholbare Strukturierungen. Der Abstand (A) des Metallbogens vom Arbeitstisch zum Draht kann als Führung für die Scherbendicke dienen. Aus derartig strukturierten Teilen wurden die in den *Abb. 42; 44* gezeigten Objekte gebaut. Bei dem Schnitt mit Spiraldraht entstehen zwei symmetrisch gleiche Teile (s. *Abb. 41*). Bei dem Relief von Christa Gebhardt (s. *Abb. 43*) wurde auf diese Weise eine reizvolle Wirkung erzielt.

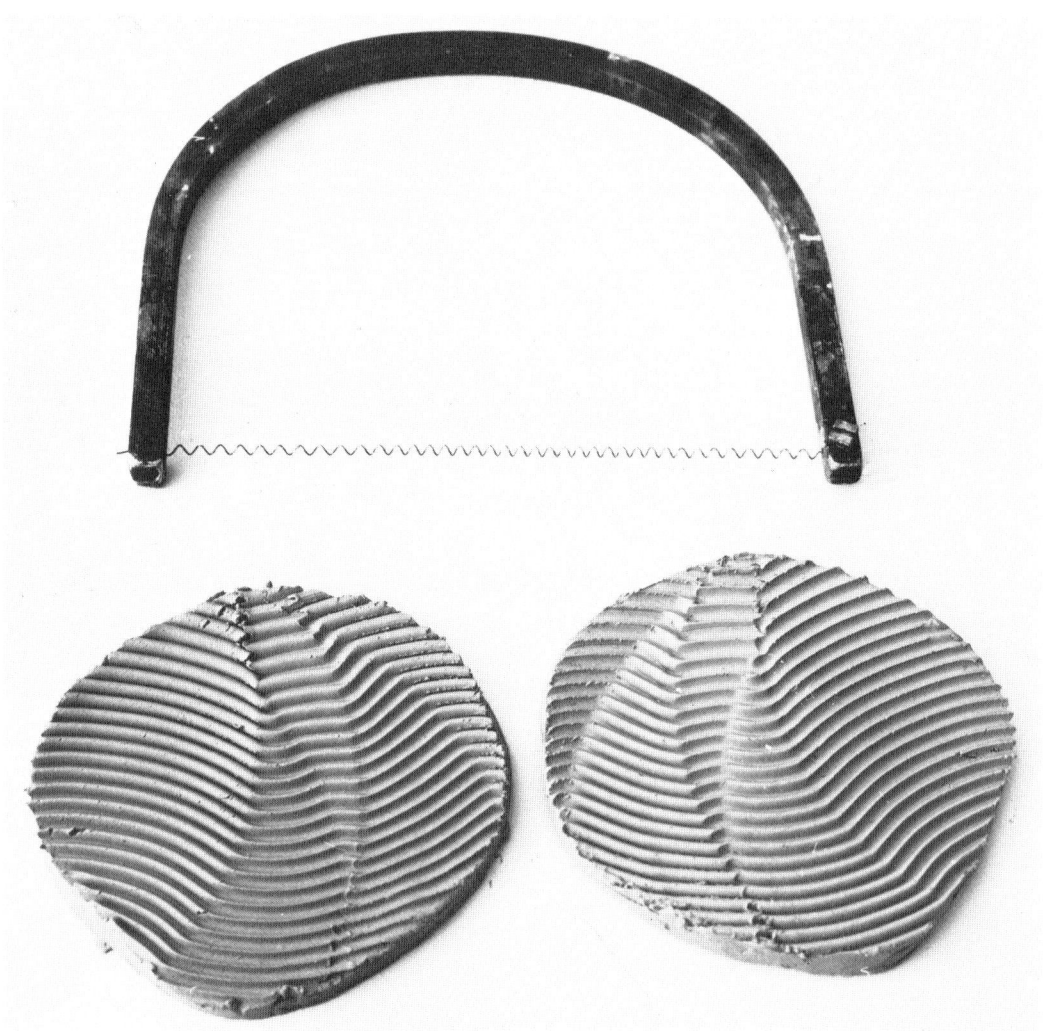

Abb. 41 Spiraldraht-Schnitt. Weicher Ton wird mit einem zwischen einen Bogen gespannten und auseinandergezogenen Spiraldraht durchschnitten. Es entstehen zwei spiegelsymmetrisch gleiche Teile.

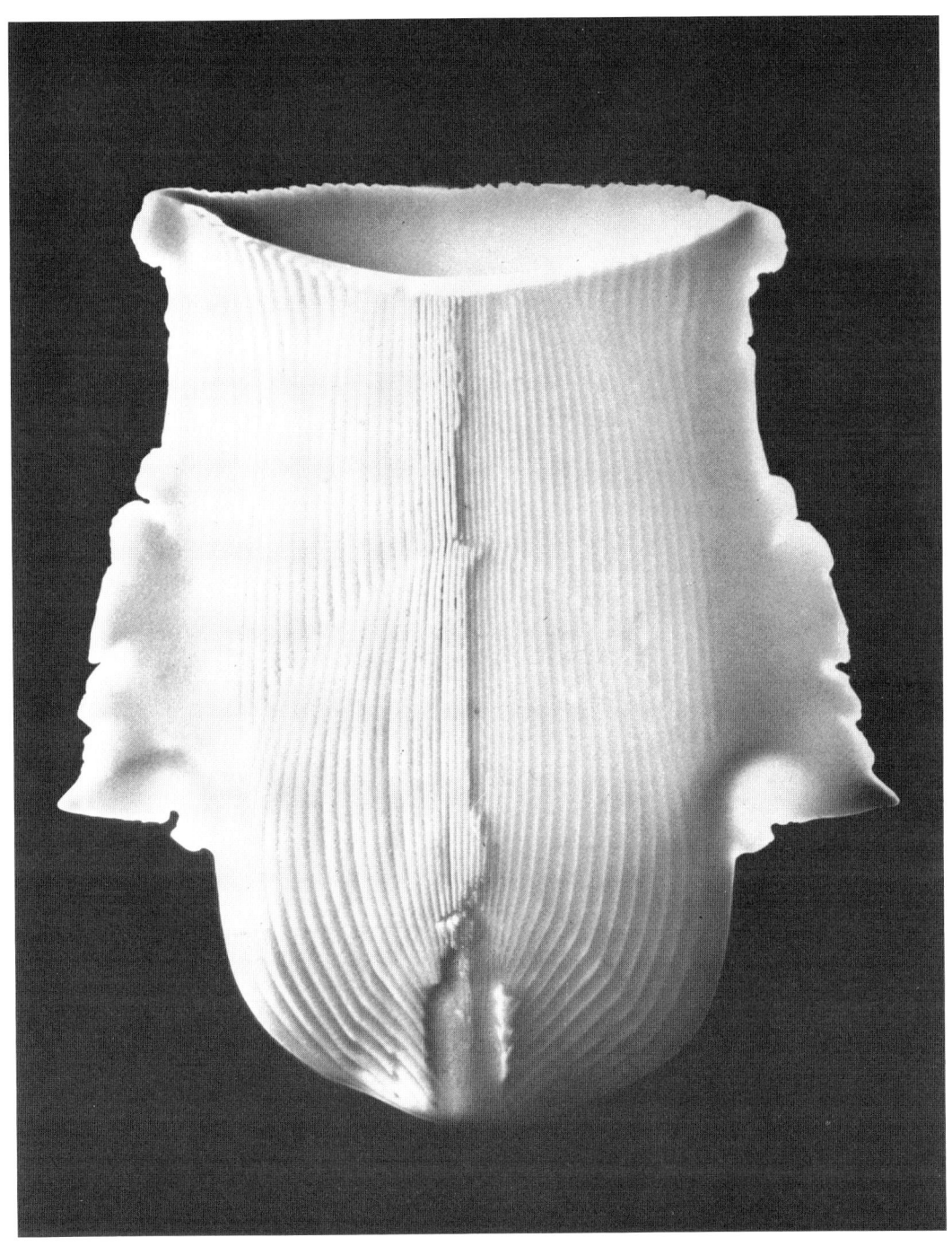

Abb. 42 Christa Gebhardt (BRD). Porzellanvase. 1981. Gebaut aus Spiraldraht geschnittenen Teilen. Helle Seladonglasur. Glattbrand bei 1300° C. H = 13 cm.

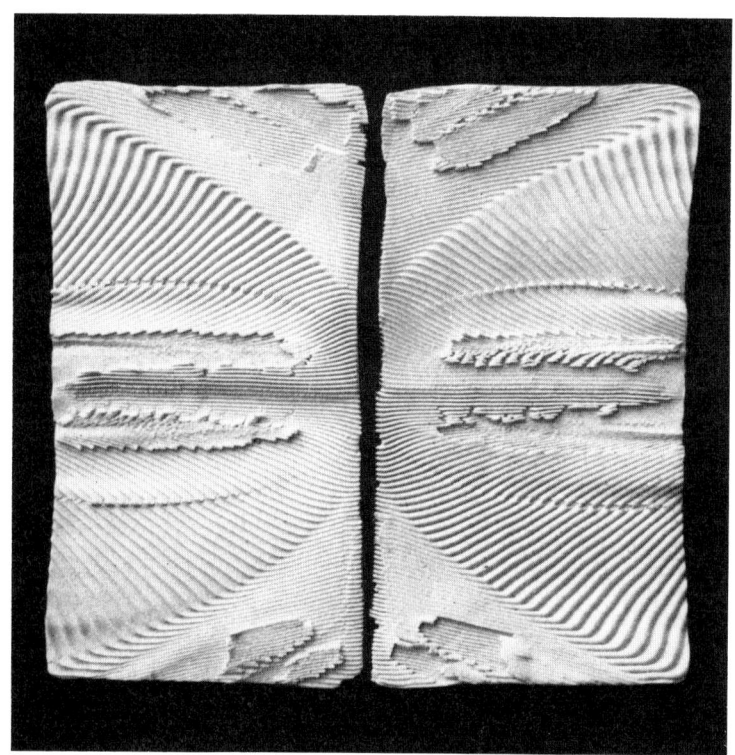

Abb. 43 Christa Gebhardt (BRD). Porzellanrelief. 1977. Spiraldraht-Schnitt. Unglasiert bei 1300° C gebrannt. Die beiden symmetrischen Teile sind in einen Rahmen aus braunschwarz engobierter, heller Schamotte montiert. H = 27,8 cm, B = 29,5 cm. *Keramikmuseum Westerwald, Höhr-Grenzhausen.*

Abb. 44 Colin Pearson (GB). Vase. 1979. Freigedreht aus dunkler Masse. Die durch Kammzug strukturierten Flügelhenkel wurden in lederhartem Zustand an das Gefäß montiert. Glattbrand bei 1300° C in reduzierender Atmosphäre des Gasofens (Einbrandverfahren). H = 36 cm, Durchmesser 60 cm.

Abb. 45 Dieter Crumbiegel (BRD). Wandgestaltung. 1980. Schamottierte Masse. Strukturierung des weichen Tones mit Hilfe einer Gipsschablone. Blaue Glasuren. Oxidierend bei 1320° C im elektrischen Ofen gebrannt. L = 5,50 m, H = 2,50 m. Wasser Kontrollstation Rhein-Süd, Bad Honnef.

Einfärben keramischer Massen

Mit verschiedenfarbigen keramischen Massen lassen sich interessante Arbeiten herstellen. Die Schwierigkeiten dieser Techniken liegen in der unterschiedlichen Trocken- und Brennschwindung der verschiedenen Tonsorten, so daß bei einer Kombination von verschiedenfarbigen Tonen im Brand leicht Risse entstehen. Um diese Schwierigkeiten zu vermeiden, geht man am besten von einer hellen Masse aus, die eingefärbt wird, so daß die gleichen Schwindungsverhältnisse vorliegen.

Abb. 46 Tony Franks (GB). Wandplatte. ,,Splendid silent sun". 1977. Von einer lederharten Tonplatte wurden Streifen abgebrochen, mit pulverisierter, gefärbter Porzellanmasse eingefärbt und nach dem Brand durch Kupferbänder verbunden. Einbrandverfahren bei 1160° C im elektrischen Ofen. H = 35 cm.

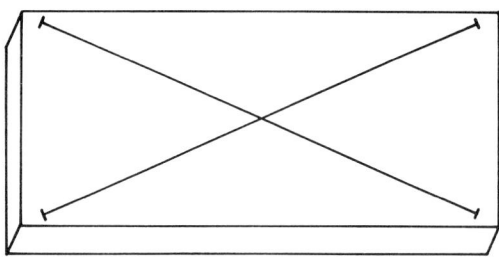

Tonplättchen

Es gibt drei Möglichkeiten der Einfärbung:
- Man mischt einen hellen, weichen Ton oder auch Porzellanmasse (s. *Bezugsquellen*) mit einem weichen eisenhaltigen, roten oder einem weichen manganhaltigen, schwarzbraunen Ton. Dies geschieht in einem bestimmten Verhältnis wie z.B.: 1:1, 1:$\frac{1}{2}$, 1:$\frac{1}{4}$ usw., indem man die Tone abwiegt, gut untereinander knetet und dann Brennproben herstellt (Plättchen von etwa 10 cm Länge, 5 cm Breite und etwa 7 mm Dicke).
- Eine zweite Möglichkeit ist, eine helle weiche Ton- oder Porzellanmasse mit Farbkörpern oder Oxiden einzufärben. Hierzu eignen sich u.a. Eisenoxid für braune Töne, Braunstein für Graubraun, Kobaltoxid für Dunkelblau, Kobaltkarbonat für Graublau, grüner Farbkörper für Grün, Nickeloxid für ein grünliches Braun, Chromoxid für ein dunkles Graugrün, Kobaltoxid plus Chromoxid für Blaugrün.

Man muß dabei wiederum die Mischungen in einem bestimmten Mengenverhältnis vornehmen, etwa indem man zu den Proben von 100 g Masse 5%, 10% oder 20% Oxid oder Farbkörper hinzufügt. Das Oxid bzw. den Farbkörper rührt man dabei mit etwas Wasser zu einem Brei an und knetet diesen Brei so lange unter die weiche, helle keramische Masse, bis eine einheitliche Färbung entstanden ist und man Probeplättchen davon formen kann.
- Die dritte Methode eine farbige Masse herzustellen ist, pulverisierten hellen Ton oder pulvrige Porzellanmasse, wie sie im Handel erhältlich sind, mit Oxiden, Farbkörpern oder pulverisierten farbigen Massen zu mischen. Auch hier geht man, wie im zweiten Beispiel beschrieben, von abgewogenen Mengenverhältnissen aus und mischt sie gut, zunächst trocken, dann gibt man vorsichtig Wasser hinzu. Das Gemisch läßt man auf Gipsplatten (s. *Bezugsquellen*) antrocknen, bis sich Probeplättchen daraus formen lassen.

Es ist wichtig, von allen Proben Notizen zu machen, die Proben zu numerieren, damit die Resultate verglichen und auch wiederholt werden können.

Die Höhe der Brenntemperatur, aber auch das Brennverfahren wie oxidierendes (sauerstoffreiches) oder reduzierendes (sauerstoffarmes) Brennen beeinflußt die Farben der eingefärbten Massen, was erst nach dem Glattbrand erkennbar ist. Der Zusatz von Braunstein oder niedrig schmelzendem Manganton kann auch z.B. einen gewissen Einfluß auf die Brennschwindung haben, weshalb man die Probeplättchen auf der Rückseite am besten durch 10 cm lange, eingeritzte Linien markiert (s. *Zeichnung oben links*). Nach dem Brand kann man die Linien abmessen und feststellen, um wieviel sie während des Glattbrandes kürzer geworden, d.h. um wieviel sie geschwunden sind.

Einen eigenen Weg ging Tony Franks bei der farbigen Gestaltung seiner Wandplatte „Splendid silent sun" (s. *Abb. 46*). Nachdem er roten Ton durch Zusatz von Braunstein und Kobaltoxid dunkelbraun gefärbt hatte, brach er von der damit geformten, lederharten Tonplatte Streifen ab. In diese Tonstreifen preßte er mit einem Teigroller pulverisierte Porzellanmasse, die er zuvor mit Farbkörpern eingefärbt und niedrig gebrannt hatte. Nach dem Brand (bei 1160°C im elektrischen Ofen) faßte er die Streifen mit Hilfe von Kupferstreifen zusammen.

Abb. 47 Robin Hopper (Kanada). Schale mit zylindrischem Fuß. 1976. Der schalenförmige, marmorierte Teil wurde aus blauer und weißer Porzellanmasse gedreht und auf den Fuß montiert. Außen unglasiert. Einbrandverfahren bei 1290°C im Gasofen. *H = 20 cm, Durchmesser 12 cm.*

Abb. 48 Robin Hopper (Kanada). „Muschel-Vasen". 1980. Aus dreifarbiger Porzellanmasse freigedreht. In weichem Zustand in Muschelform gedrückt. Die lederharte Gefäßoberfläche mit Stahlwolle abgerieben, um die Marmorierung freizulegen. Außen unglasiert. Einbrandverfahren im Gasofen bei 1290°C. Höhe der großen Vase 25 cm.

Marmorierung des Scherbens

Beim Drehen mit verschiedenfarbigen, übereinander geschichteten und leicht aufeinandergeschlagenen keramischen Massen (s. *Einfärben keramischer Massen*) entsteht ein Marmorierungseffekt dadurch, daß farbige Streifen in der Gefäßwand hochgezogen werden (s. *Abb. 47; 48*). Auch bei der Facettierung (s. *Facettierung*) von Gegenständen, die aus verschiedenfarbigen Massen gedreht wurden, kommen Muster zustande, die zwar im allgemeinen Effekt, nicht aber im Detail wiederholbar sind (s. *Abb. 29*).

Marmorierte Scherben können transparent glasiert werden.

Abb. 49 Intarsien- und Einlege-Technik. Rechts im Bild sind aus dem lederharten, hellen Scherben 3 mm tiefe Rillen ausgehoben und links im Bild mit rotem, eingefärbtem Ton ausgelegt und bündig eingepaßt.

Intarsien- und Einlege-Techniken

- Aus lederhartem Scherben werden mit einer Metallschlinge oder einem winkligen Hohleisen 3 mm tiefe, V- oder U-förmige Rillen geschnitten bzw. herausgeschabt. In die so entstandenen Vertiefungen wird ein andersfarbiges Tonröllchen gedrückt (s. *Abb. 49*) und mit einem Teigroller bündig zur Oberfläche gewalzt.
Eine andere Möglichkeit ist, mit dem Malhörnchen oder dem Breitpinsel eine dickflüssige, andersfarbige Engobe in die Vertiefungen zu füllen. In fast lufttrockenem Zustand läßt sich dann die Engobe bzw. der andersfarbige Ton von der Scherbenoberfläche mit einem elastischen Stahlplättchen oder Messer abkratzen, so daß sich die Konturen des eingelegten Musters klar und scharf zeigen (s. *Abb. 50; 51*).
- Die andere Möglichkeit, eine Intarsie herzustellen ist, mit Hilfe einer Schablone aus Karton oder Zinnfolie kleinere Flächen aus einem lederharten Scherben zu schneiden und bis zu einer Tiefe von etwa 3 mm auszuschaben. Die gleiche Schablone wird benutzt, um dasselbe Muster aus einer etwa 3 mm dicken, andersfarbigen Tonplatte zu schneiden. Die so erhaltene Form wird in die zuvor ausgeschabte und angefeuchtete Vertiefung eingelassen und mit einem Teigroller überwalzt, bis die Intarsie bündig eingepaßt ist. Auch hier wird in fast lufttrockenem Zustand die Oberfläche mit einem Messer abgeschabt, bis die Konturen des Musters klar abgegrenzt sind.

In früheren Jahrhunderten wurden im Mittelmeerraum Fußbodenplatten dekoriert, indem man mit Holzstempeln Vertiefungen in die noch feuchten Platten drückte und diese dann mit andersfarbigem Ton auslegte.

In Japan wird die Technik, die als Mishima-Technik bekannt ist, an Gefäßen angewandt. Voraussetzung für Einlegearbeiten dieser Art ist, daß die farbig kontrastierenden Tone bzw. Engoben die gleiche Trocken- bzw. Brennschwindung haben (s. *Einfärben keramischer Massen*). Intarsien können unglasiert bleiben oder auch nach dem Schrühen transparent oder halbopak glasiert werden.

Abb. 50 Gerd Knäpper (BRD/Japan). Dose (Teezeremoniengefäß). 1980. Freigedreht aus heller Steinzeugmasse. In lederhartem Zustand eingeritztes Ornament. Vertiefungen sind mit dunkler Engobe ausgelegt. Darüber matte Aschenglasur. Reduzierend bei 1280°C im Gasofen glattgebrannt. H = 19 cm.

Abb. 51 Nicholas Homoky (Ungarn/GB). Bechervase. 1980. Weichporzellan. Freigedreht. Vertiefte Linien in den lederharten Scherben eingekratzt und mit eingefärbter, flüssiger Porzellanmasse ausgelegt. Nach dem Brand bei 1240°C Polieren des unglasierten Stückes mit nassem und trockenem Sandpapier. *H = 12 cm.*

Muster durch verschiedenfarbige Massen
(auch Neriage genannt)

Fügt man verschiedenfarbige Massen (s. *Einfärben keramischer Massen*) in Form von Stangen, Streifenschichtungen oder Spiralwickeln zusammen, müssen sie angefeuchtet und dann leicht zusammengeschlagen werden, damit ggf. Lufteinschlüsse und Hohlräume beseitigt werden und die Massen gut untereinander verbunden sind (s. *Abb. 52*).
Schneidet man dann Scheiben von den Schichtungen ab, kann man sie nochmals zu gleich dicken Tonplatten zwischen zwei Latten auswalzen (s. *Abb. 53*). Ein Blatt Papier zwischen Ton und Teigroller vermeidet ein „Verschmieren" des Musters. Aus den Scheiben lassen sich Gegenstände aufbauen oder aus Gipsformen ausformen. Solche Objekte zeigen z.B. schachbrettartige, streifen- bzw. spiralförmige Muster in ihren Wandungen. In lederhartem Zustand wird die Oberfläche dieser Gegenstände mit einem elastischen Stahlblech abgeschabt, bis die Konturen klar und scharf sind (s. *Abb. 54; 55; 56*). Die Keramiken können transparent oder halbopak glasiert werden.
Auf eine interessante Variation der Intarsie aus verschiedenartigen Porzellanmassen hat sich Dorothy Feibleman spezialisiert. (Im Englischen wird diese Technik auch mit „Marqueterie" bezeichnet.) Sie rollt Porzellanmasse mit dem Teigroller zu einer dünnen Lage aus und bestreicht sie mit Porzellanschlicker. Dann umwickelt sie damit ein andersfarbiges Porzellanröllchen (s. *Abb. 57; 58; 59*). Aus

den mehrfarbigen „Zwickeln" drückt sie z.T. dreieckige oder rechteckige Streifen (s. *Abb. 60*), die sie in Segmente (in der Dicke der zu bauenden Scherbenwand) schneidet. Sie läßt diese Stückchen einige Wochen in Plastikhüllen lagern, da sich die Massen ihrer Erfahrung nach dadurch besser miteinander verbinden und die Gefahr des Reißens während des Trocken- und Brennprozesses verringert wird. Mit einer dünnen Lage Porzellanmasse von sehr gleichmäßiger Dicke (was wichtig im Hinblick auf die Trocken- und Brennschwindung ist), legt sie sodann eine geschrühte Schüssel aus. Mit Zirkel und Bleistift unterteilt sie die ausgelegte Schale ihrem Vorhaben entsprechend (s. *Abb. 61*) und befestigt dann – von der Schalenmitte ausgehend – darauf mit Porzellanschlicker die Segmentstückchen in ornamentalen Reihungen und Mustern (s. *Abb. 62*).

Abb. 52 Dekore durch verschiedenfarbige Massen. Wenn man verschiedenfarbige Massen rollt, wickelt usw. und Scheiben davon abschneidet, erhält man spiralige, karierte oder z.B. streifige Muster.

Abb. 53 Die „gemusterten" Scheiben rollt man zwischen zwei Latten zu gleicher Dicke aus, ehe man sie zum Bauen von Gegenständen benutzt.

Nachdem die auf diese Weise dekorierte Schale lufttrocken ist, schabt sie das Innere mit einem elastischen, nierenförmigen Stahlblech (s. *Abb. 63*) und auch mit Hilfe zuerst grober und dann feiner Stahlwolle so lange ab (s. *Abb. 64; 65*), bis das Einlegemuster freigelegt ist. Anschließend wird die Außenwand abgeschabt, hier auch mit Hilfe einer Rasierklinge, die sich gut der konvexen Form anpaßt. (Während dieser staubenden Arbeit ist es nötig, eine Staubmaske zu tragen, wie sie im Handel für keramischen Bedarf erhältlich ist.)

Dorothy Feibleman arbeitet z.T. 20 Stunden an einem dieser relativ kleinformatigen Stücke und muß dabei mit einem Bruch von 75% rechnen. Die gelungenen Schalen sind allerdings von einmaliger, delikater Kostbarkeit. Das Muster aus mehrfarbigen Porzellanmassen bildet die Scherbenwand, so daß es durchgehend innen und außen zu sehen ist (s. *Abb. 66; 67; 68*). Die Gefäße sind unglasiert und werden in Kapseln bei etwa 1200°C–1300°C im elektrischen Ofen gebrannt.

Farbige Gießmassen-Muster

Mit farbigen Gießmassen (s. *Bezugsquellen*) kann ein Porzellan- oder Steingutscherben überzogen werden. Dabei wird eine farbige, z.B. (durch Kobaltoxid-Zusatz) blaue Gießmasse in eine Gipsform gefüllt und wenige Minuten darin stehengelassen, bis sich eine einige Millimeter dicke Schicht entlang der Gipsform gebildet hat. Die restliche Gießmasse wird aus der Gipsform gegossen, die danach mit einer weißen Gießmasse gefüllt und wieder so lange in der Form gelassen wird, bis die normale Scherbenstärke erreicht ist und man die restliche Gießmasse ausleeren kann. Das Resultat ist ein blau überzogener Scherben, an den z.B. weiße Henkel und Schnauben angarniert werden können.

Eine andere Möglichkeit ist, auf die erste blaue Gießmassenschicht eine helle Gießmasse folgen zu lassen, die man aber ebenfalls nur bis zu einer Dicke von wenigen Millimetern in der Form läßt. Dann gießt man z.B. eine rote Gießmasse (durch Eisenoxid-Zusatz) ein. Nachdem sich eine dünne rote Schicht über der hellen gebildet hat, wird auch sie wieder ausgegossen. Zurück bleibt ein dreifarbiger Scherben. Ist er lederhart geworden, wird er aus der Gipsform genommen, und man kann ein Muster so eingravieren, daß die drei verschiedenfarbigen Schichten freigelegt und sichtbar werden.

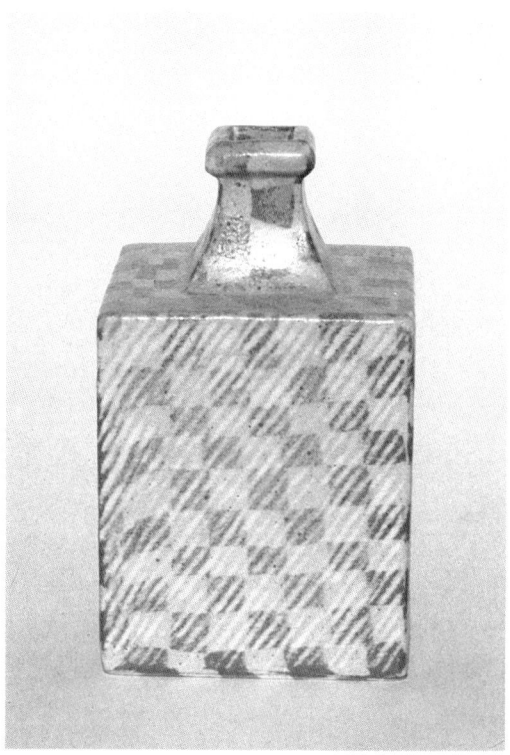

Abb. 54 Tatsuzo Shimaoka (Japan). Eckige Vase. 1977. In Neriage-Technik (d.h. aus verschiedenfarbigen Tonen) schachbrettartig gemustert aus der Gipsform ausgeformt. Danach in lederhartem Zustand kordelgemustert. Die Vertiefungen der Kordel-Strukturierung sind mit Pinsel und weißer Engobe ausgelegt. In reduzierender Atmosphäre des Holzfeuerofens bei 1280°C glattgebrannt. *H = 18 cm.*

Abb. 55 Ruth Duckworth (USA). Vase. 1979. Aus schwarzgefärbter und weißer Porzellanmasse in Streifen aufgebaut. Außen unglasiert. Glattgebrannt bei 1280°C. H = 15,5 cm.

*Abb. 56 Ruth Duckworth (USA). Schale. 1979. Aus verschiedenfarbigen, geschichteten Porzellan- und Halbporzellanplatten, über einer Gipsform geformt. Unglasiert. Bei 1280°C gebrannt.
Format 30 cm × 30 cm.*

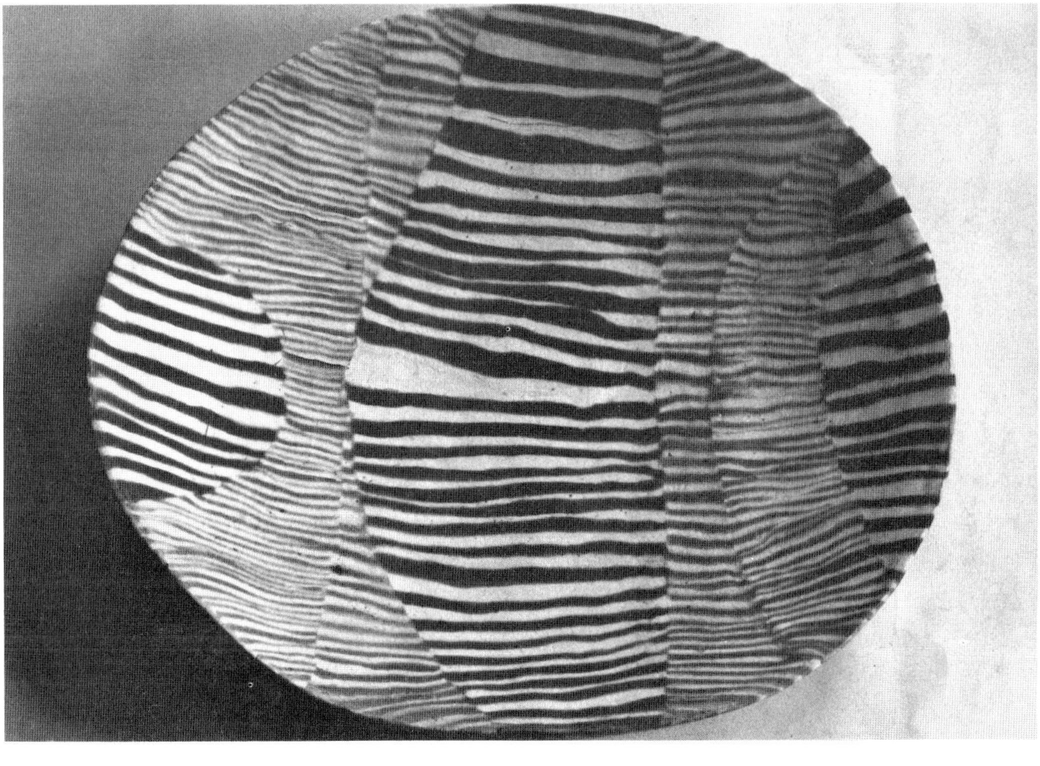

Abb. 57 Dorothy Feibleman (GB). Technik der Marqueterie oder Neriage. Mit freundlicher Genehmigung von ,,Ceramic Review", 17 Newburgh Street, London W 1. Porzellanmasse wird zu Röllchen gerollt.

Abb. 58 Eine andersfarbige Porzellanmasse wird mit dem Teigroller ausgerollt.

Abb. 59 Mit Porzellanschlicker bestrichene dunkle Porzellanschicht wird um das helle Röllchen gewickelt.

Abb. 60 Ein derartiges Röllchen wird zwischen den Fingern zu dreikantigen Stäbchen geformt.

Abb. 61 Eine geschrühte Schüssel wird mit einer dünnen, gleichmäßigen Porzellanschicht ausgelegt und mit dem Zirkel für das Ornament eingeteilt.

Abb. 62 Porzellanstückchen in der Dicke der zu gestaltenden Schale werden mit Schlicker in der mit Porzellanmasse ausgelegten Schüssel befestigt.

Abb. 63 Durch Abschaben mit nierenförmigem Metallplättchen wird das mehrfarbige Muster freigelegt.

Abb. 64 Mit feiner Stahlwolle wird die Oberfläche geglättet.

Abb. 65 Desgleichen wird die Außenwand abgeschabt. Wegen des entstehenden Staubs wird eine Staubmaske getragen.

Abb. 66 Dorothy Feibleman (GB). Schale. 1979. Das blaue und weiße Marqueterie-Muster ist im Inneren und Äußeren der Schalenwand zu sehen. Unglasiert. Bei 1200°C–1300°C im elektrischen Ofen gebrannt (Einbrandverfahren). *Durchmesser 7,6 cm.*

Abb. 67 Dorothy Feibleman (GB). Porzellanschale. 1980. Orange-gelb-weiße Marqueterie-Technik. Unglasiert. Bei 1200°C–1300°C im elektrischen Ofen gebrannt. H = 6,5 cm, Durchmeser 8 cm, Scherbenstärke 1,5 mm–2 mm.

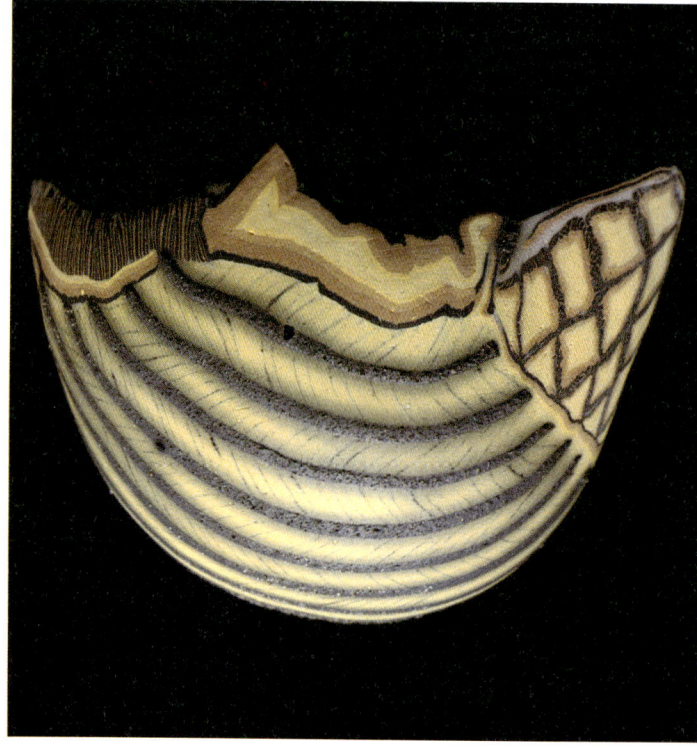

Abb. 68 Dorothy Feibleman (GB). Porzellanschale. 1980. Blauweiße Marqueterie-Technik. Unglasiert. Bei 1200°C–1300°C im elektrischen Ofen gebrannt. H = 7,6 cm, Durchmesser 9 cm, Scherbenstärke 1,5 mm–2 mm.

Abb. 69 Facettierung. Mit einem Käsemesser (s. Bild rechts), Hobel oder Schaber werden Teilflächen aus der lederharten Gefäßwand geschnitten, wodurch eine vieleckige Schale entsteht.

Abb. 70 Robin Hopper (Kanada). Dose. 1978. Mit dreifarbiger Porzellanmasse freigedreht. Durch Facettierung vieleckige Form. Marmorierung des Scherbens mit unwiederholbaren Details. Außen unglasiert. Im Gasofen bei 1250°C glattgebrannt (Einbrandverfahren). *H = 12,5 cm, Durchmesser 16 cm.*

Abb. 71 Horst Kerstan (BRD). Steinzeugkumme. 1976. Freigedreht. Vieleckige Schale durch Klopfen des noch lederharten Gefäßes. Schwarzrote Feldspatglasur (Temmuko-Glasur). In oxidierendem Feuer bei 1300° C glattgebrannt. Durchmesser 20 cm.

Facettierung

Zur Facettierung eines Gefäßes muß die Gefäßwand etwas dicker gedreht werden. In lederhartem Zustand werden dann aus der Wand entweder mit einem Käsemesser (s. *Zeichnung unten rechts*), einem Hobel oder einem Schaber Stücke herausgeschnitten (s. *Abb. 69; 70; 29*). Es entstehen dadurch Teilflächen an dem Gefäß, die durch Licht- und Schattenwirkungen reizvoll zur Geltung kommen. Je nach dem Winkel, in dem das Messer angesetzt wird (wozu einige Übung gehört), entstehen verschiedenartige Facettierungen.

Auch durch Klopfen der noch verhältnismäßig weichen Gefäßwände lassen sich Abflachungen hervorrufen, die der Facettierung ähnlich sind (s. *Abb. 71*).

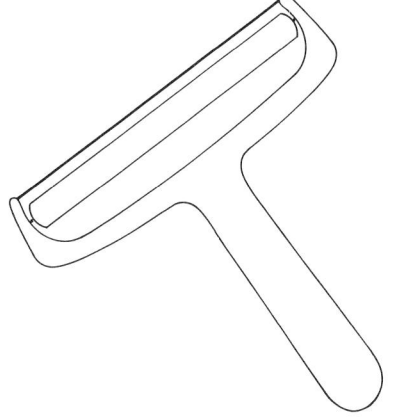

Rollschneider

Perforations- und Durchbruch-Techniken

Das Ornament wird zunächst in den lederharten Scherben geritzt. Mit einem Stechwerkzeug, das man selbst herstellen kann, indem man mit Hilfe einer Zange eine Stopfnadel in einen etwas dickeren Pinselstiel einläßt, durchsticht man die Ecken des Dekors. Das Muster wird dann mit einem feinen Messer, das rechtwinklig angesetzt werden muß, aus der Gefäßwand herausgeschnitten (s. *Abb. 72; 73*). Wenn es die Form des Gegenstandes erlaubt, wird mit den Fingern der linken Hand von innen gegen die zu perforierenden Stellen gedrückt. Für diese, Geduld und Sensibilität verlangende Technik darf der Scherben weder zu dünn noch zu weich sein, weil er sonst während der Arbeit deformiert wird oder, falls er zu trocken ist, bricht.

Die Chinesen nannten die Perforations-Technik daher ,,Kuei Kung", ,,Teufelswerk". Sind die ausgeschnittenen Flächen groß, lassen sich auch Stege zur Unterteilung hineinmodellieren. Das Trocknen perforierter Stücke muß langsam erfolgen (s. *Abb. 74; 75; 76; 77*).

Einige Keramiker wie z.B. Ann Mortimer und Alan Whittaker perforieren ihre Gegenstände mit einem Sandstrahlgebläse (s. *Abb. 78*). In die aus Porzellanmasse gegossenen, lederharten Formen wird das Ornament zunächst in die Scherbenwand graviert oder geschabt. Die lufttrockenen Stücke werden dann bei Sinterungstemperatur (etwa 1240°C) gebrannt, wobei Alan Whittaker seine Gefäße in eine entsprechend geformte Kapsel (zur Stützung der Form) setzt. Nach dem Brand überklebt er das ganze Ornament mit durchsichtigem Klebestreifen, durch den er die vertieften Gravierungen sehen kann, die er mit Hilfe eines Sandstrahlgebläses perforiert. Andere Keramiker überkleben nur die nicht zu perforierenden Stellen des Dekors. Nach dem Perforieren werden die Klebestreifen entfernt und die Gefäßoberfläche mit nassem und trockenem Sandpapier poliert. Es ist eine viel Feingefühl verlangende und zeitraubende Arbeit. Das Resultat zeigt sich in einer interessanten Wechselwirkung von positiven und negativen, hellen und dunklen Dekorelementen (s. *Abb. 79; 80*).

Abb. 72 Perforations- und Durchbruch-Techniken. Nach Vorzeichen und Einritzen des Ornamentes Durchstechen der Dekorecken mit einer Nadel (links im Bild). Herausschneiden des Musters aus der Gefäßwand mit rechtwinklig angesetztem Messer.

Abb. 73 Nach dem Herausschneiden der Dekordetails Glätten und Verputzen der Schnittflächen und Ecken.

Abb. 74 Reinhilde Neue (BRD). Schirmständer. 1963. Schülerarbeit der Staatlichen Fachschule für Keramik, Höhr-Grenzhausen. Aus hellem Ton freigedreht. In lederhartem Zustand perforiert und mit kleinen aufgesetzten Stempeln versehen. Nach dem Schrühbrand graubeige glasiert. Oxidierend im elektrischen Ofen bei 1250° C glattgebrannt. H = 48,5 cm, Durchmesser 24 cm. Mittelrheinisches Landesmuseum, Mainz.

Abb. 75 Alrun Osterberg (BRD/USA). Schirmständer. 1965. Schülerarbeit der Staatlichen Fachschule für Keramik, Höhr-Grenzhausen. Technische Ausführung wie Abb. 73. Ockerfarbene Innenglasur. Außen schwarzbraun glasiert. H = 48 cm. Mittelrheinisches Landesmuseum, Mainz.

Abb. 76 Annemarie und Werner Schmidt-Tummeley (BRD). Schale mit Doppelrand. 1980. Freigedreht aus heller Masse. Aus lederhartem Scherben geschnittenes Ornament. Nach dem Schrühbrand grauweiß glasiert. Oxidierend bei 1250° C im elektrischen Ofen glattgebrannt. H = 5,3 cm bzw. 3,4 cm, Durchmesser 15 cm.

Abb. 77 Victor Margrie (GB). Schale. 1969. Freigedreht mit perforiertem, reliefiertem und anmodelliertem Ornament. Gelblichweiße Steinzeugglasur. H = 9,5 cm.

Abb. 78 Sandstrahlgerät. Durch ein Fenster kann man beobachten, wie das Strahlmittel auf den Scherben einwirkt. Unter der Sichtscheibe befinden sich zwei Öffnungen für die Hände. Es gibt zwei Sorten von Sandstrahlgeräten: Das Druckstrahl-System (Ansaug-Verfahren) und das Injector-System (Das Sandstrahlmittel wird durch Druck befördert). Die modernen Geräte befördern das benutzte Korund-Strahlmittel wieder an den Ausgangspunkt zurück. Beim Druckstrahl-System ist ein Eingangsluftdruck von etwa 2–3 bar, beim Injector-System von etwa 4–6 bar erforderlich.
Kleine Sandstrahlgeräte sind schon für ca. 500,– DM im Handel.

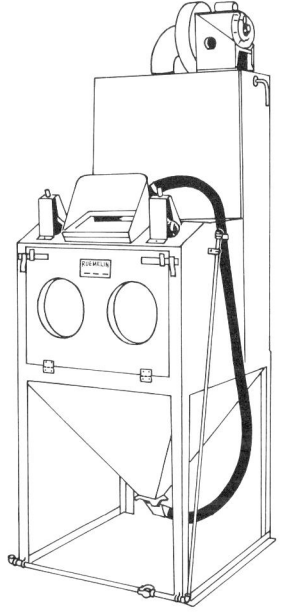

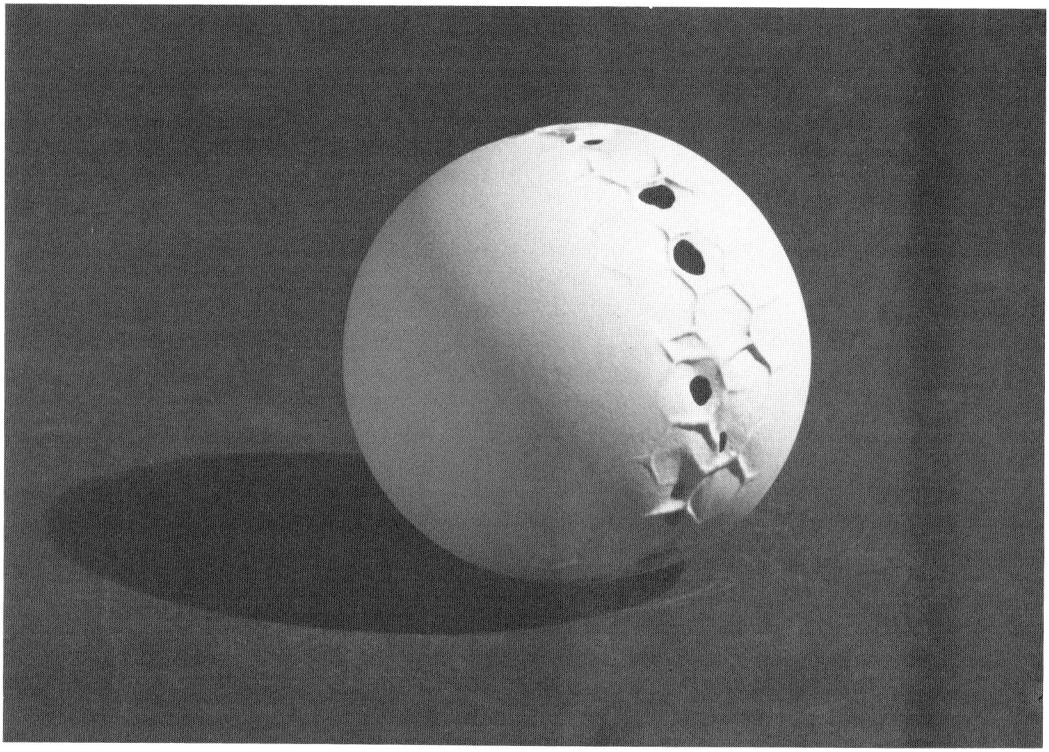

Abb. 79 Ann Mortimer (Kanada). Porzellankugel. 1978. Gegossen. In lederharte Oberfläche eingraviertes und geschabtes Ornament. Nach dem Brand (bei 1230° C im elektrischen Ofen) Durchführung der Perforation mit Hilfe des Sandstrahlgebläses. Unglasiert. *Durchmesser 12 cm.*

Abb. 80 Alan Whittaker (GB). Porzellanvasen. 1980. Gegossen. In lederhartem Zustand eingraviertes Ornament. Nach dem Brand bei 1240° C teilweise Perforation des Ornamentes mit Hilfe eines Sandstrahlgebläses. Anschließend polieren der Gefäßoberfläche mit Sandpapier. *H = 17,7 cm.*

Abb. 81 Friedl Kjellberg (Finnland). Porzellanschälchen. 1974. Aus der weichen Scherbenwand herausgestochenes Ornament. Nach dem Schrühbrand überglasiert mit transparenter Glasur, die die Perforationen wieder geschlossen hat, so daß das Licht nach dem Glattbrand milchigweiß dort durchscheint. *Größtes Schälchen 7 cm hoch, Durchmesser 14 cm. Ausführung im Wärtsila Konzern (Arabia), Helsinki, Finnland.*

Abb. 82 Annemarie und Werner Schmidt-Tummeley (BRD). Schale. Freigedreht aus hellem Ton. Perforierung des lederharten Scherbens mit kleinem Bohrer. Überglasiert mit grauweißer Steinzeugglasur, die die Perforation wieder geschlossen hat, so daß das Licht dort milchigweiß durchscheint. Teilweise mit grauer Dekorfarbe gerändert. Glattbrand im elektrischen Ofen bei 1250° C. *H = 10 cm, Durchmesser 24,7 cm.*

Abb. 83 Norbert Stahl (BRD). Steinzeugvasen und Schale. 1981. Aus rotem Ton freigedreht mit dekorativen Drehrillen. Graue Glasur mit blauen Sprenkeln, gelb und ockerfarben in den Vertiefungen. Oxidierend bei 1200°C im elektrischen Ofen glattgebrannt. *Große Vase 20 cm, kleine Vase 12 cm hoch, Schalendurchmesser 22 cm.*

Reiskorn-Technik

In den noch feuchten Porzellanscherben werden Reiskörner gepreßt. Im Schrühbrand brennen sie weg und hinterlassen Löcher in der Gefäßwand. Beim Glasieren werden diese Löcher wieder geschlossen, so daß das Licht nach dem Glattbrand dort milchigweiß durch die transparente Glasur scheint.

Eine moderne Übersetzung dieser seit dem 11. Jahrhundert in Persien nachgewiesenen und erst Anfang des 18. Jahrhunderts von den Chinesen übernommenen Technik sind die Porzellanschälchen von Friedl Kjellberg (s. *Abb. 81*). Noch in der Gipsform wurde aus dem weichen, d.h. noch nicht lederharten Gefäß das Muster mit einer hierzu hergestellten Metallform herausgestochen.

Andere Keramiker nehmen den Gegenstand in lederhartem Zustand aus der Gipsform und stechen dann das Muster aus der Scherbenwand, wobei sie gleichzeitig von der Gegenseite mit den Fingern der linken Hand gegen die zu perforierende Stelle drücken. Durch den Gegendruck wird Deformation und Bruch vermieden.

Die Steinzeugschale von Annemarie und Werner Schmidt-Tummeley wurde dagegen mit einem kleinen Bohrer in lederhartem Zustand durchlöchert (s. *Abb. 82*).

Für die Reiskorn-Technik ist ein reizvoller Hell-Dunkelkontrast nach dem Glattbrand typisch.

Porzellanspitzen

Einen Perforationscharakter haben auch Porzellanspitzen. Zu ihrer Herstellung werden Textilspitzen in Porzellangießmasse (s. *Bezugsquellen*) eingetaucht, der etwas Dextrin beigefügt wurde. Beim Herausnehmen muß das mit Masse getränkte Textilgewebe angeblasen werden, damit sich die Löcher wieder

Abb. 84 Karin Scholz-Schäfer (BRD). Bodenvase. 1976. Aus Tonwülsten aufgebaut. Sie bilden dekorative Strukturierung der Oberfläche. Die grünliche Feldspatglasur sammelte sich in den Aufbaurillen. Glattbrand in oxidierender Atmosphäre bei 1250° C im elektrischen Ofen. $H = 93\ cm, B = 60\ cm, T = 40\ cm$.

öffnen. Die so behandelten Spitzen können um keramische Objekte (z.B. bei Porzellanfigürchen als Röcke) drapiert, gewickelt oder gefaltet und dann in lufttrockenem Zustand geschrüht werden. Das Textilgewebe verbrennt, und zurück bleibt die nun in Porzellan übertragene Spitze. Sie kann transparent glasiert und glattgebrannt werden.

Dekorative Aufbau-Techniken

Schon Drehrillen an einem Gefäß (s. *Abb. 83*) oder das Aufbauen durch Tonwülste ist geeignet, dekorative Wirkungen zu erzeugen. Es lassen sich aber nicht nur die Aufbauringe bewußt dekorativ verwenden wie bei der Vase von Karin Scholz-Schäfer (s. *Abb. 84*), sondern auch Wellenlinien, Spiralformen oder Flechtmuster kann man in die Gefäßwände einbauen (s. *Abb. 85*). Diese Einzelformen und Details müssen gut durch Aufrauhen und Anfeuchten untereinander verbunden und von innen abgedichtet und geglättet werden, damit im Brand keine Risse entstehen und die Töpfe auch dicht werden (s. *Abb. 86; 87*).
Werden die Gefäße hoch genug bis zur Sinterung gebrannt, sind sie wasserundurchlässig und müssen nicht glasiert werden, falls eine rauhe Oberfläche und die ursprüngliche Tonfarbe dem ästhetischen Bedürfnis des Keramikers entspricht. Andernfalls glasiert man sie nach dem Schrühbrand, wobei sich die Glasur reizvoll in den Vertiefungen sammelt. Verschiedene Glasurtypen wie transparente, opake, matte oder auch Effektglasuren eignen sich zum Glasieren aufgebauter Stücke (s. *Glasurversätze und Engoben aus der Praxis*).

Abb. 85 Hildegard Storr-Britz (BRD). Schale. 1981. Aus roter schamottierter Masse aufgebaut. Unglasiert. H = 11 cm, Durchmesser 21 cm.

Abb. 86 Ann Mortimer (Kanada). Eckige Schale. 1980. Aus ,,verwobenen" Tonstreifen in lederhartem Zustand gebaut. Halbmatte, weiße Glasur. Im Raku-Verfahren gebrannt. Glasurkrackelees durch Einreiben mit schwarzer Tusche sichtbar gemacht. H = 5 cm, B = 18 cm.

Abb. 87 Tony Franks (GB). Vase. 1980. Von einer Tonplatte aus rotem Ton (durch Zusatz von Braunstein und Kobaltoxid dunkelbraun gefärbt) wurden Streifen abgebrochen und die Vase damit in lederhartem Zustand gebaut. Unglasiert. Bei Sinterungstemperatur von 1160°C
im elektrischen Ofen gebrannt (Einbrandverfahren). *H = 25 cm.*

Champlevé-, Cloisonné- und Email-ombrant-Techniken

Zu den Relief-Techniken zählen die in den Scherben vertieft eingravierten oder geschnittenen, aber auch die erhaben auf dem Scherben aufgesetzten Muster. Auch eine Kombination der beiden Reliefarten ist selbstverständlich möglich.

Aus der Email-Herstellung wurden einige französische Ausdrücke auf die keramischen Herstellungsverfahren übertragen, wie z.B. die Champlevé- (ausgehobenes Feld), die Cloisonné- (durch Scheidewände getrennt) und die Email ombrant-Technik (schattiertes Email). Bei diesen drei Techniken werden die Dekore vertieft mit Kratzwerkzeugen in den lederharten Scherben geschnitten und herausgeschabt (s. *Abb. 88*).

Eine andere Möglichkeit ist, das Muster in eine Gipsform zu gravieren, so daß es durch Über- oder Eindrehen vervielfältigt werden kann. In historisch-chinesischer Zeit bestanden diese Überdrehformen aus niedrig gebranntem Ton.

Beim Glasieren der geschrühten Stücke sammelt sich die Glasur in den Vertiefungen, wodurch die Glasurfarbe an diesen Stellen satter und intensiver ist und sich dunkler von der übrigen Oberfläche abhebt. Berühmt sind die mit Seladonglasuren versehenen Reliefdekore der Sung-Periode, deren Blattmotive gleichzeitig mit Kammzug belebt sind (s. *Abb. 89; 90*).

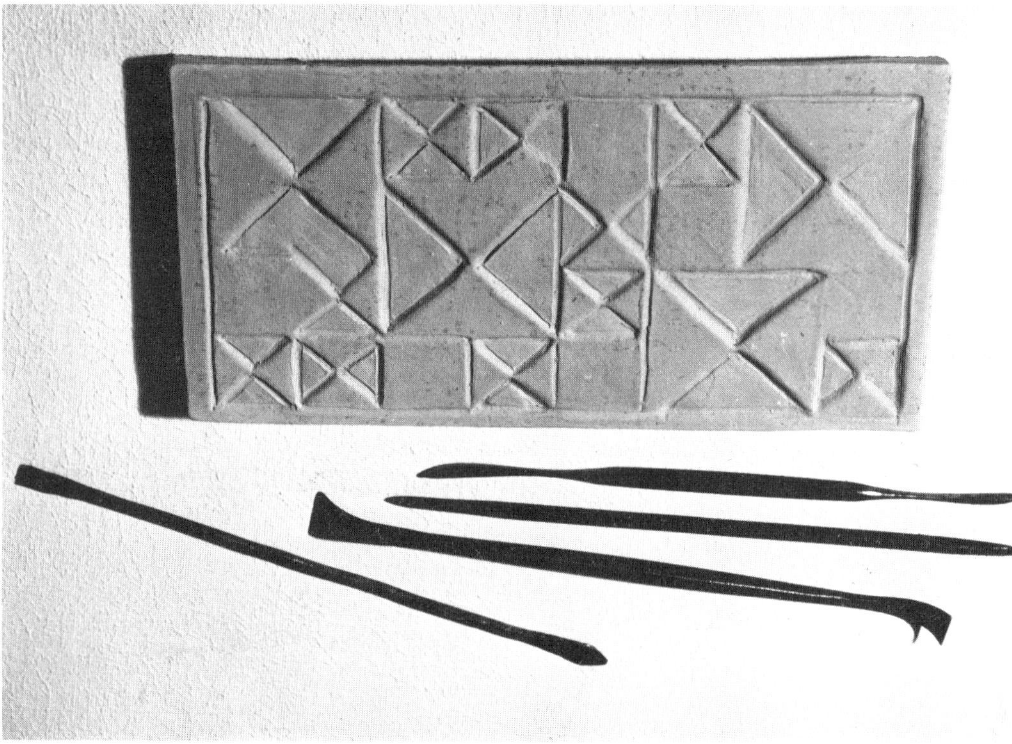

Abb. 88 Champlevé-Technik. Wie die Übersetzung des Namens, nämlich „ausgehobenes Feld" schon sagt, wird das Muster aus dem lederharten Scherben mit Gipswerkzeugen (oben im Bild) herausgehoben bzw. -geschabt.

Abb. 89 Cloisonné-Technik, d.h. „durch Scheidewände getrennt". Schülerarbeit der Staatlichen Fachschule für Keramik in Höhr-Grenzhausen. Um 1965. Buchstaben bilden die Stege, die die in lederhartem Zustand vertieften Felder voneinander trennen. Seidenmatte, braune Glasur. Brenntemperatur 1250° C. *Format 23 cm × 23 cm. Mittelrheinisches Landesmuseum, Mainz.*

Abb. 90 Porzellanschale. Champlevé-Technik. 12. Jahrhundert, China. Kammzug belebt teilweise die Blätter des pflanzlichen Motivs. Die Seladonglasur sammelte sich in den Vertiefungen, weshalb sie dort satter grün ist. H = 8 cm, Durchmesser 21 cm. Cleveland Museum of Art, The Fanny Tewksbury King Collection, Cleveland, Ohio, USA.

Stegkeramikplatte

Eine andere Möglichkeit, auf Keramikplatten Felder voneinander abzugrenzen, damit die Glasuren und Farben nicht ineinanderfließen, ist Tonröllchen oder Tonstreifen auf den lederharten Scherben zu modellieren oder eine sehr weiche keramische Masse wie mit einer Gebäckspritze, d.h. mit einer Handtonpresse aufzuspritzen (s. *Bezugsquellen*). In die Presse wird (am besten als Rolle) Ton eingefüllt und mit einem Kolben durch das Mundstück gedrückt, für das es verschiedene Profile gibt, so daß Stege, Streifen, Kringel usw. gebildet werden können (s. *Abb. 91*). Scherben- und Dekormasse sollten möglichst aus dem gleichen Material bestehen, damit sie sich gut miteinander verbinden, und damit die Tonwülste im Brand nicht abplatzen (s. *Abb. 92*).

Zur Herstellung von Tonplatten lassen sich verschiedene Methoden anwenden:

Von einem gut durchgekneteten Tonballen können Scheiben mit einem Draht waagerecht abgeschnitten werden, wobei zwei gleich dicke waagerecht liegende Latten als Führung dienen. Man kann keramische Platten auch formen, indem man die Masse zwischen solche Latten oder in einen zuvor leicht eingeölten Holzrahmen drückt, mit einer Schiene und einer Ziehklinge glattstreicht oder auch mit einem Teigroller glattrollt. Die Arbeitsunterlage wird zuvor entweder mit pulverisiertem Ton oder feinem Schamottemehl bestreut, damit die keramische Platte nicht an der Unterlage klebt. Nimmt man Zeitungspapier zur Isolierung, muß man die Platte von der Rückseite glätten, da sich die Falten, die das Papier schlägt, in der Tonschicht abzeichnen. Auch ein über ein Reißbrett gespanntes Leinen bewährt sich als Arbeitsunterlage.

Für die Vervielfältigung mancher Keramiken, wie z.B. der Stegkeramikplatten, Lithophanien und Reliefs lohnt sich die Herstellung einer einfachen, sogenannten „Offenen Gips-

Abb. 91 Handtonpresse. In die Handtonpresse eingefüllter weicher Ton wird mit dem Kolben durch ein Mundstück gedrückt, wodurch sich – mit verschiedenen Profilen – Streifen, Kringel, Gitter und Spiralmuster bilden lassen. Sie können auf lederharten Scherben garniert werden oder man kann eine Gipsform damit auslegen.

form". Zunächst muß man ein Modell, z.B. eine Tonplatte, schneiden (oder bei der Lithophanie ein Wachs- oder Tonrelief modellieren). Das Modell darf nicht untergriffig sein und muß konisch zulaufen, damit es sich später gut ausformen läßt. Dieses Modell (hier in *Abb. 93* an einer quadratischen Platte demonstriert) wird mit vier Holzplatten umstellt, die wenigstens doppelt so hoch wie der abzugießende Gegenstand sein müssen. Die Holzbretter werden von außen seitlich und auf der geraden Unterlage (aus Glas, Marmor, Blech oder Holz) mit weichem Ton gut abgedichtet und ggf. mit einer Schnur zusammengebunden und einem Keil (links im Bild) stramm gespannt. Die Holzplatten und die Unterlage werden innen mit einem Pinsel und Schmierseife, die mit Wasser und etwas Leinöl schaumig geschlagen wurde, gut eingeseift, damit sich der Gips später leicht von ihnen löst. Es ist nicht nötig, Ton- oder Wachsmodelle einzuseifen, bevor sie abgegossen werden. (Gipsmodelle müssen dagegen sowohl ge-

Abb. 92 Dose, freigedreht. In den etwas vertieften Deckel wurde das Ornament mit der Handtonpresse auf den lederharten, aufgerauhten und angefeuchteten Scherben garniert. Seladonglasur. *H = 8 cm, Durchmesser 12,8 cm.*

schellackt als auch danach eingeseift werden, damit sie nach dem Abgießen leicht aus der Gipsform genommen werden können.) Anschließend wird der Gips (Modell- oder Formgips) angemacht. Man rechnet 1 Liter Wasser auf 1,5 kg Gips. Beim Gipsanrühren ist eine bestimmte Reihenfolge einzuhalten:
Ein Behälter wird halb mit Wasser gefüllt. Dann streut man das Gipspulver langsam mit der Hand (in etwa 1–2 Minuten) in das Wasser, bis der Gips einen kleinen Berg über der Wasseroberfläche bildet (s. *Zeichnung rechts oben*). Nach etwa drei Minuten verquirlt man das Gipspulver mit dem Wasser zu einem gleichmäßigen Brei mit einem elektrischen Quirl (s. *Abb. 203*) oder einem Holzlöffel. Danach wird der Gipsbrei sofort und langsam über das abzugießende Modell gegossen. Der Gips sollte in doppelter bis dreifacher Dicke den abzugießenden Gegenstand bedecken. Nach dem Eingießen des Gipses klopft man leicht gegen den Lattenumbau, um eventuelle Luftblasen zum Entweichen zu bringen. Der Gips beginnt nach wenigen Minuten schon abzubinden, d.h. hart zu werden, wobei er Wärme entwickelt und sich um etwa 1% ausdehnt. Wenn der Gips beim Draufklopfen mit dem Fingerknöchel keine Dellen mehr zeigt, nimmt man die Bretter weg und bricht die Kanten mit einer Ziehklinge.
Der hartgewordene Gips läßt sich nun von dem Ton- bzw. Wachsmodell abheben, wobei das Modell oft zerbricht. Aber es ist ja nun in Gips übertragen. Die so hergestellte Gipsform muß getrocknet werden, sollte dabei aber nicht einer Wärme von mehr als 70°C ausgesetzt sein. Ist die Form nach einigen Tagen trocken, graviert man das Stegkeramikmotiv mit Gipsschabern seitenverkehrt in die Form (s. *Abb. 94*).
Die Stegkeramik kann danach (ebenso wie das in Gips übertragene Relief) mit weichem Ton ausgedrückt oder ggf. auch ausgegossen werden. Die Stege liegen nun (wie auch das Relief) erhöht auf der Tonplatte (s. *Abb. 95*). Wurde die Stegkeramik aus farbigem Ton ausgeformt, wird sie in feuchtem Zustand mit einer hellen Engobeschicht überzogen, weil sich die Farben schöner von einem hellen Grund abheben (das kann mit dem Pinsel oder aber durch Aufspritzen geschehen). Noch malerischer ist es, wenn der farbige Scherben etwas durch die Engobe schimmert, weshalb man die Schicht leicht hie und da mit feinem Sandpapier dünner reibt. Andererseits muß man vorsichtig sein, daß die Engobe nicht zu dünn liegt, weil sie leicht von der Glasur aufgelöst wird.
Nun werden mit dem Pinsel Oxide in die durch Stege abgetrennten Felder gelegt, was vor oder auch nach dem Schrühbrand geschehen kann. Nach dem Schrühen wird eine alkalische Glasur entweder als flüssiger, dicker Brei aufgetragen oder aber in Pulverform aufgestreut (s. *Glasurversätze und Engoben aus der Praxis*). Man muß aufpassen, daß die Glasur im Brand nicht über die Stege fließt, wodurch die Stegkeramikplatte auf der Brennunterlage anbacken würde. Es ist daher ratsam, die äußeren, die Platte umrandenden Stege höher als die übrigen Stege zu machen (s. *Abb. 96*).
Dünne Kupferplättchen, die vor dem Glasieren in die durch die Stege abgetrennten Felder gelegt und dann überglasiert werden, schimmern nach dem bei etwa 1050°C durchgeführten Glattbrand golden durch die Glasur.

Mit Gips und Wasser gefülltes Gefäß

Abb. 93 Herstellung einer Stegkeramikplatte. Abgießen einer Tonplatte, die mit Holzplatten umstellt ist, in Gips.

Abb. 94 Gravieren des seitenverkehrten Dekormotivs in die Gipsform.

Abb. 95 Nach dem Ausformen der gravierten Gipsform mit weichem Ton, liegen die Stege erhaben auf der Keramikplatte.

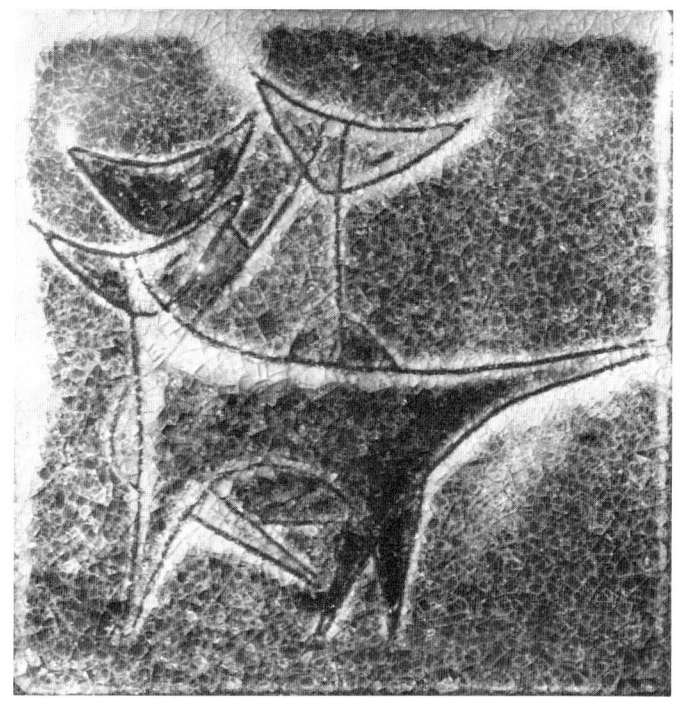

Abb. 96 Hildegard Storr-Britz (BRD). Stegkeramik „Katzen". Um 1950. Der rote Scherben wurde weiß engobiert und z.T. mit Braunstein und gelber Dekorfarbe bemalt. Mit alkalischer Glasur glasiert. Glattbrand bei 1160°C im elektrischen Ofen. Landesgewerbeanstalt, Stuttgart.

Schweißdraht-Stege

Als eine Art Stegkeramik kann man das Aufbrennen von Schweißdrähten auf eine keramische Platte im Brand verstehen. Drähte, die man zu einer Komposition zusammenschweißt, werden auf eine geschrühte Schamotteplatte gelegt. Die Felder und Flächen zwischen den Drähten legt man mit keramischen Glasuren aus und brennt alles zusammen bei etwa 1050°C glatt. Die Drähte verbinden sich mit der keramischen Platte und verhindern dabei das Ineinanderfließen der Glasuren. Geht man nach dem Glattbrand nochmals mit der Flamme eines Acetylenbrenners an den Drähten entlang, entsteht dort ein Reduktionseffekt.

Cuenca-Technik

Bei der Cuenca-Technik ersetzt man die Konturen durch Glasurstege (s. *Stegkeramik*).

Cuerda secca-Technik
(Aus dem Spanischen: „trockener Faden")

Bei dieser ursprünglich islamischen Technik werden die Konturen eines Ornamentes entweder in den noch feuchten Scherben gestempelt oder geritzt. Nach dem Schrühbrand werden die Vertiefungen mit Wachs ausgefüllt, oder das Ornament mit dem Pinsel und einem Gemisch aus Braunstein und Leinöl umrandet. Auch auf eine Fayenceglasurschicht kann diese Umrandung aufgetragen werden. Glasuren, die in wäßrigem Zustand in die Zwischenfelder gelegt werden, werden von den öligen Konturen abgestoßen, so daß glasurfreie Stellen entstehen und die Glasuren nicht ineinanderlaufen (s. *Abb. 97*).

Abb. 97 Cuerda secca-Platte, handgeformt. 15. Jahrhundert, Spanien. Ein Gemisch aus Braunstein und Fett wird bei dieser Technik zur Begrenzung der Felder aufgetragen, so daß Farben bzw. Glasuren nicht ineinanderlaufen, sondern von der fettigen Umrandung abgestoßen werden. *Format 13,5 cm × 13,5 cm. Hetjens-Museum, Düsseldorf.*

Abb. 98 Ernst Stauber (BRD). Vase. 1975. Aus hellem Ton freigedreht. „Glasurstege" wurden mit dem Malhörnchen als Dekoration aufgetragen. Überglasiert mit verschiedenen Feldspat- und Aschenglasuren. Im Salzbrand bei 1250°C glattgebrannt. *H =31 cm. Keramikmuseum Westerwald, Höhr-Grenzhausen.*

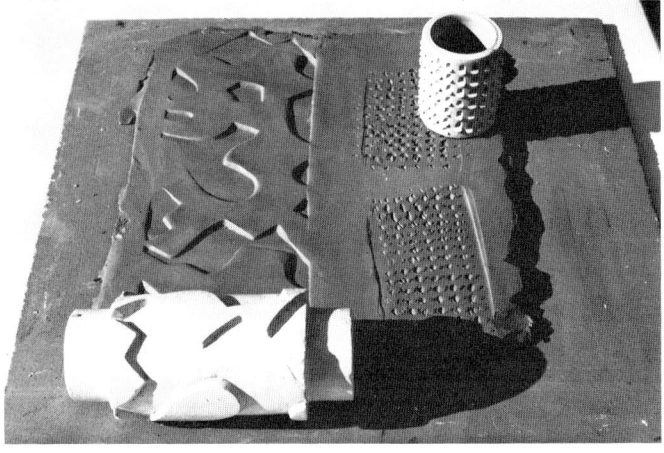

Abb. 99 Rollsiegel-Technik. Der Gipszylinder (links im Bild) mit reliefierter Oberfläche wurde auf weicher Tonplatte abgerollt. Rechts im Bild gedrehtes, zylindrisches Siegel mit gekerbter Struktur, das nicht nur auf Tonplatten, sondern auch auf Gefäßen abgerollt werden kann.

Glasurstege

Mit jeder Glasur (und unter Beibehaltung der für sie vorgesehenen Brenntemperatur) lassen sich nach Hinzufügung von 35% Feldspat (s. *Bezugsquellen*) Glasurstege mit dem Malhörnchen auf den lufttrockenen oder auch geschrühten Scherben auftragen. Auch diese leicht erhöht auf dem Scherben sitzenden Feldabgrenzungen verhindern das Ineinanderfließen von Dekorfarben und Glasuren. Glasurstege können allerdings auch als Dekorlinien aufgetragen und mit farbigen Glasuren überglasiert werden (s. *Abb. 98*).

Rollsiegel

Eine plastisch-reliefartige Wirkung kann durch das Eindrücken von Rollsiegeln in den noch weichen Ton entstehen. Hierzu muß ein zylindrisches Siegel aus Ton, Gips, Holz oder ähnlichem hergestellt werden. Ein Siegel sollte etwa 5–10 cm lang und etwa 5 cm im Durchmesser sein. Tonzylinder kann man auf der Drehscheibe drehen, um sie in lederhartem Zustand zu strukturieren oder mit einem Relief zu versehen, z.B. durch Einkerben, Einschneiden, Gravieren oder auch Modellieren (s. *Abb. 99*).

Im Schrühbrand gehärtet, lassen sich die Tonsiegel in weichem Ton abrollen.

In Gipszylinder, die man z.B. in Pappollen gießen kann, lassen sich ebenfalls durch Gravieren, Schnitzen oder durch Gipsschnitt reliefierte Muster einarbeiten.

Hat das Siegel eine Längsbohrung (diese wird beim Gießen des Zylinders aus Gips z.B. durch ein Röhrchen oder Holz ausgespart), so kann ein Holzstab hindurchgesteckt und mit einem Griff aus Draht versehen werden. Hierdurch läßt sich das Siegel leichter über eine Gefäßfläche oder Tonplatte abrollen (s. *Zeichnung rechts unten*). Mit den auf diese Weise dekorierten Tonplatten lassen sich Gefäße bauen oder aber Wandgestaltungen zusammensetzen (s. *Abb. 100*).

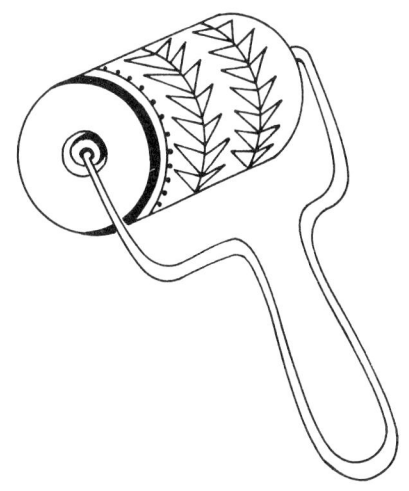

Ornamentroller

Abb. 100 Otto Hufnagel (BRD). Modell einer Wandgestaltung. In die Mantelfläche eines Gipszylinders wurde das Häusermotiv graviert und in weichem Ton abgerollt. Die Vertiefungen wurden teils mit Oxiden, teils mit Glasuren getönt, transparent glasiert und glattgebrannt.

Abb. 101 Bjørn Wiinblad (Dänemark). Reliefdekor „Zauberflöte". Ausschnitt. 1980. Oben im Bild zum Vergleich Lithophanie-Effekt. Gelblichweiß durch den Porzellanscherben scheinendes Licht, von dem sich das Relief dunkler abhebt, ruft eine geheimnisvolle Wirkung hervor. Etwa 6 cm hoch. Ausführung Porzellanfabrik Rosenthal, Selb.

Lithophanie

Lithophanie ist eine Relief-Technik, bei der man sich die Transparenz des Porzellanscherbens zunutze macht. Ein Relief wird entweder in den noch nicht ganz trockenen, dicker gehaltenen Porzellanscherben geschabt und graviert, oder aber ein Wachsrelief wird auf einer Glasplatte modelliert, so daß Licht an dünnen Stellen durchscheinen kann, wie dies später die erwünschte Wirkung beim Porzellan ist. Von dem Wachsrelief stellt man eine Offene Gipsform her (s. *Stegkeramikplatte*), die mit Porzellangießmasse ausgegossen oder ausgeformt wird (s. *Bezugsquellen*). Nach dem Schrühbrand wird mit transparenter Glasur glasiert und glattgebrannt.

Wenn Licht von hinten auf das so erarbeitete Porzellanrelief fällt, entsteht durch die unterschiedliche Scherbenstärke ein interessanter Hell-Dunkel-Effekt (s. *Abb. 101* und *Abb. 113*).

Dieser Effekt wird z.B. bei Wandleuchten zur Geltung gebracht.

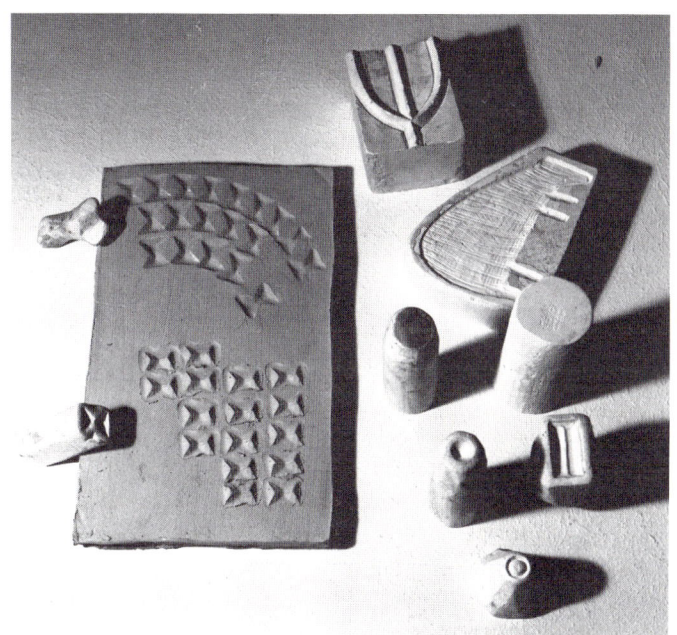

Abb. 102 Stempel-Technik. Verschiedene Gipsstempel, wie sie zur Dekoration keramischer Gegenstände benutzt werden. Oben im Bild ist ein Stempel in den lederharten Scherben eingedrückt, während unten das gleiche Stempelmotiv aufgesetzt wurde. Mit X gezeichnet ist ein mit weichem Ton gefüllter Gipsstempel, ehe er auf ein Gefäß gedrückt wird.

Abb. 103 Hildegard Storr-Britz und James Storr (BRD/GB) Wandplatte. 1970. Aus roter, schamottierter Masse geformte Platte. Eingedrückte Stempelkomposition. Weißer Engobeüberzug. Nach dem Schrühbrand mit blauer Steinzeugglasur glasiert. Glattbrand bei 1250° C im elektrischen Ofen. $H = 34$ cm, $B = 30$ cm.

Abb. 104 Barbara Seeßlen (BRD). Kumme. 1960. Schülerarbeit der Staatlichen Fachschule für Keramik, Höhr-Grenzhausen. Aus hellem Ton freigedreht und in lederhartem Zustand mit Stempel dekoriert (s. *Abb. 102*). Graue Steinzeugglasur. Glattbrand bei 1250°C im elektrischen Ofen. *H = 8,5 cm, Durchmesser 14 cm. Mittelrheinisches Landesmuseum, Mainz.*

Stempeldekor

Eine plastisch wirkende Dekoration läßt sich durch Negativ-Stempel (d.h. eingedrückte Stempel) und durch Positiv-Stempel (d.h. aufgesetzte Stempel) erreichen:

- Für den Negativ-Stempel wird ein reliefartig erhöhtes Muster aus Gips, Holz oder aus einem fast lufttrockenen Tonröllchen geschnitzt. Der Tonstempel muß anschließend im Schrühbrand gehärtet werden, damit er sich wie der Holz- oder Gipsstempel in den lederharten Scherben eindrücken läßt (s. *Abb. 102*).
- Das Motiv für Positiv-Stempel wird am besten in ein Stückchen Gips vertieft eingraviert. Dieses vertiefte Muster wird mit weichem, nicht klebendem Ton ausgefüllt und auf einen mit einem Messer aufgerauhten und mit Wasser angefeuchteten Scherben aufgesetzt (s. *Abb. 108*). Dieses Aufrauhen und Anfeuchten ist wichtig, damit die Stempelmotive während des Trocknens oder im Brand nicht abplatzen. Der Ton löst sich leicht aus dem Gipsstempel, weil der Gips die Tonfeuchtigkeit aufsaugt und erhöht auf der Gefäßoberfläche zurückbleibt. Ton, der sich beim Andrücken des Stempels seitlich herausdrückt, gibt der Dekoration einen handwerklichen Charakter (s. *Abb. 103; 104; 105*).

Plastische Dekore

Mit plastischen Dekormotiven, die in den lederharten Scherben eingearbeitet oder aufgarniert werden, ergeben sich zahlreiche Gestaltungsmöglichkeiten wie z.B. die Applikation: Beim Westerwälder Steinzeug und dem Bunzlauer Braunzeug wurde diese Technik seit Jahrhunderten angewandt. Man stellte Model dazu her, die, ehe der Gips erfunden wurde, aus niedrig gebranntem Ton oder aus Speckstein bestanden. Man puderte die Model vor dem Ausformen mit weichem Ton etwas mit pulverisiertem Ton ein, wodurch sich die Reliefmotive leicht aus der Form lösten und auf ein Gefäß aufgarnieren ließen.

Noch heute werden in der englischen Steingutfabrik Wedgwood fein detaillierte Reliefs aus geschrühten, z.T. nach Originalformen des 18. Jahrhunderts hergestellten Tonmodeln ausgedrückt. In lederhartem Zustand werden diese weißbrennenden Reliefs in Handarbeit auf himmelblau, hellgrün oder schwarz eingefärbten Hartsteingutscherben appliziert (s. *Abb. 106; 107*).

Zur Herstellung einer Gipsform für Relief-Applikationen können die Motive in Ton, Wachs oder Plastellin modelliert oder seitenverkehrt in Gipsplatten graviert und dann in Gips abgegossen werden (s. *Stegkeramikplatte*). Die so hergestellte Form läßt sich wiederholt ausformen oder ausgießen und das Dekormotiv auf keramische Gegenstände garnieren. (Bei Industrieerzeugnissen werden heute allerdings Reliefdekorationen in die Gipshohlform eingearbeitet, damit ein zweiter Arbeitsgang für die Dekoration entfällt.)

Applikationen können auch aus dünngewalzter Tonplatte geschnitten werden. Das Aufgarnieren auf den lederharten Scherben muß sehr sorgfältig erfolgen. Die Stellen, auf welche die Applikationsmotive aufgetragen werden sollen, aber auch die Unterseite der Dekore selbst, müssen mit dem Messer aufgerauht und mit dem Pinsel angefeuchtet werden, bevor sie an den Scherben angedrückt werden können (s. *Abb. 108*). Andernfalls besteht die Gefahr, daß die applizierten Motive im Brand abplatzen oder reißen, weil sie sich nicht genügend mit dem Untergrund verbinden.

Einen elementaren Weg wählte Gerd Knäpper, als er in seine freigedrehte, noch weiche Schale nur mit Daumen und Zeigefinger (ohne Zuhilfenahme von Werkzeugen) so modellierte, daß ein reliefiertes, an Muschelstrukturen

Abb. 105 Hildegard Storr-Britz und James Storr (BRD/GB). Vase. 1969. Aus hellem Ton freigedreht. Stempeldekor. Überspritzt mit Kölschbraun. Salzbrand bei 1250°C. H = 27 cm, Durchmesser 36 cm. Keramion, Frechen.

erinnerndes Ornament entstand (s. *Abb. 109*). Eine andere Möglichkeit plastischer Dekorgestaltung ist, das Motiv mit Ton und Modellierwerkzeugen direkt auf den lederharten Scherben zu modellieren (s. *Abb. 110; 111*) oder aber, wie Karl Scheid es tat, das Relief mit Gravierwerkzeugen aus der lederharten Scherbenwand seiner Kumme herauszuschaben (s. *Abb. 112*).

Der Dekorträger muß zwischen den Arbeitsgängen bis zur Fertigstellung gut mit Hilfe von Plastikfolien abgedeckt und feucht gehalten werden.

Erwähnt werden sollte hier auch das in eine Tonplatte modellierte oder aber in eine Gipsplatte geschnittene und gravierte Relief, das in einer Offenen Gipsform abgegossen wird (s. *Stegkeramikplatte*) und so wiederholbar wird. Eine derartige Form läßt sich mit verschiedenen keramischen Massen ausformen oder, wie bei dem gezeigten Beispiel, mit Porzellanmasse ausgießen. Mit transparenter Glasur oder auch mit farbigen Glasuren können derartige Reliefs glasiert werden (s. *Abb. 113*).

Abb. 106 Tonmodel. Mit Hilfe eines Spachtels wird das geschrühte Tonmodel mit feuchter, nicht mehr klebender, keramischer Masse ausgedrückt. In lederhartem Zustand wird das Dekormotiv dann auf den keramischen Gegenstand garniert.

Zu den mehr spielerischen Effekten durch Aufgarnieren auf einen Scherben gehören „Tonfäden" von fast textilem Charakter. Diese „Tonfäden" entstehen beim Durchdrücken von weichem Ton durch ein Küchensieb aus Draht. Die spaghettiförmigen Fäden werden dann, nachdem der Scherben aufgerauht und angefeuchtet ist, aufgarniert oder in den Scherben mit Hilfe der Gipsform eingebaut (s. *Abb. 114*). Auch Abdrehspäne lassen sich auf diese Weise dekorativ zur Anwendung bringen.

Abb. 107 Ausschnitt einer Reliefauflage. Historisches Relief von Charles Meigh, Hanley. 1842. Aus geschrühter Form mit dem Spachtel ausgedrückt. Von Firma Wedgwood in Stoke-on-Trent (England) von Hand mit weißer Masse auf blauen Hartsteingutscherben appliziert. *Victoria und Albert Museum, London.*

Abb. 108 Aufrauhen des Tones. Scherben sowohl wie Dekorelement müssen vor dem Aufgarnieren aufgerauht und angefeuchtet werden, damit sie sich gut miteinander verbinden.

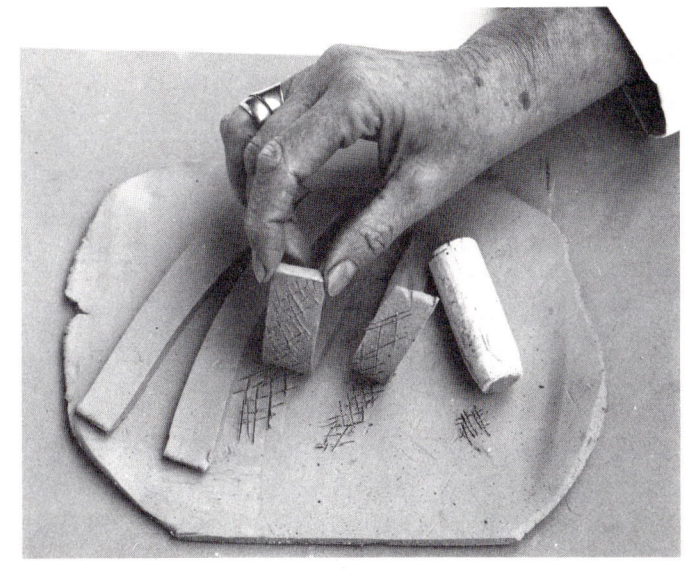

Abb. 109 Gerd Knäpper (BRD/Japan). Schale. 1979. Aus heller Masse freigedreht. Dekor in den weichen Ton mit Daumen und Zeigefinger (ohne andere Werkzeuge) modelliert. Gelbe Aschenglasur. Bei 1280°C in reduzierender Atmosphäre des Gasofens glattgebrannt. Durchmesser 40 cm.

Abb. 110 Walter Drohan (Kanada). Vase. 1969. Freigedreht aus hellem Ton. Auf lederharten Scherben aufgelegte Dekoration. Salzbrand bei 1250° C. H = 22 cm.

Abb. 111 Hildegard Storr-Britz und James Storr (BRD/GB). Vase. 1969. Aus hellem Ton gedreht. Aufmodelliertes Ornament. Blaugrauer Smalte-Überzug. Salzbrand bei 1250° C. H = 30 cm, Durchmesser 37 cm. Keramion, Frechen.

Abb. 112 Karl Scheid (BRD). Kumme. 1979. Aus Porzellanmasse freigedreht. Reliefdekoration wurde aus der Gefäßwand geschabt. Helle Steinzeugglasur. Reduktionsbrand bei 1360° C. *H = 9 cm, Durchmesser 10,5 cm.*

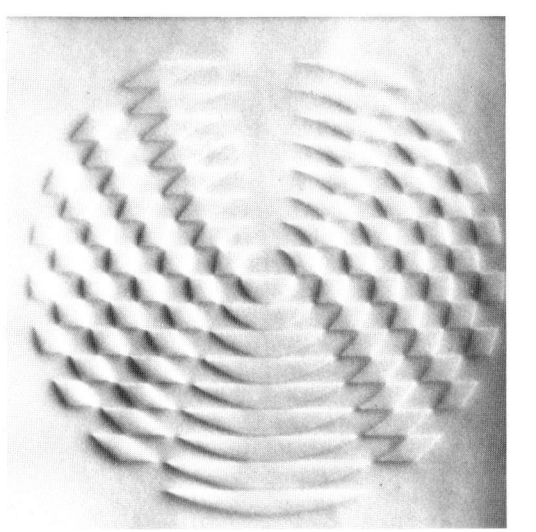

Abb. 113 Robert Kieffer (BRD). Relief. 1981. In eine Gipsplatte geschnitten und graviert. Nach dem Ausgießen der „Offenen Gipsform" mit Porzellanmasse und dem Schrühbrand transparent glasiert und bei 1250° C glattgebrannt. Relief B (gleiches Relief) von der Rückseite beleuchtet. *Format 20 cm × 20 cm.*

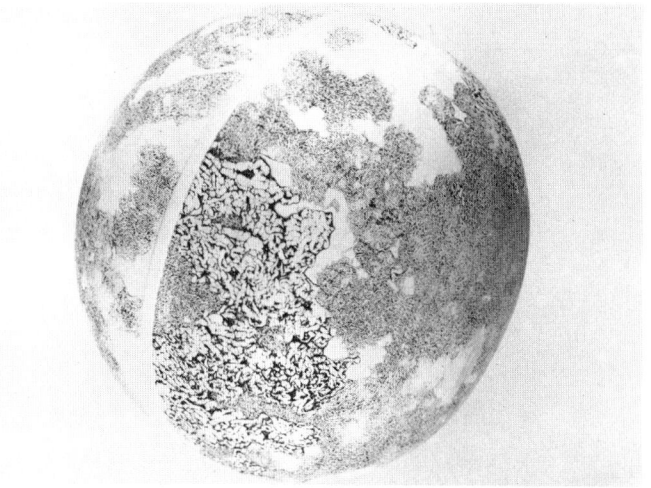

Abb. 114 Mary Keepax (GB). Porzellankugel. 1971. In halbkugelförmige Gipsform wurden durch ein Drahtsieb gepreßte „Porzellanfäden" und Abdrehspäne gedrückt. Zwei Halbkugeln wurden zur Kugel zusammengesetzt und die Oberflächenstruktur durch Einreiben mit Oxiden betont. Unglasiert gebrannt. Durchmesser 60,8 cm.

Pâte sur pâte-Technik (Aus dem Französischen: „Masse auf Masse")

Pâte sur pâte ist ebenfalls eine Relief-Teechnik, die bereits von den Chinesen, aber auch von europäischen Porzellanfabriken des vorigen Jahrhunderts angewandt wurde.
Auf rohen, dunkel engobierten Porzellanscherben wird mit einem feinem Haarpinsel weißer Porzellanschlicker schichtweise aufgetragen. Die dick und dicht geschichteten Stellen liegen erhöht und weiß auf der Scherbenoberfläche, während dünne Pinselstriche auf dem dunklen Untergrund wie durchsichtige Schleier wirken. Sowohl in den weißen Porzellanschlicker als auch in die dunkle Engobe wird etwas Glyzerin gegeben, damit beide nicht so schnell antrocknen. Bevor der Schlikker ganz trocken ist, kann das Relief mit feinen Modellierwerkzeugen nachgearbeitet werden. Berühmt durch solche, an Kameen erinnernde Reliefs wurde der Fanzose Marc Louis Solon (s. *Abb. 115*).

Abb. 115 *Pâte sur pâte-Technik. Pilgerflasche aus Porzellan von Marc Louis Solon, Frankreich. 1875.* Mit Porzellanschlicker und Pinsel aufgetragenes Relief. *Victoria und Albert Museum, London.*

Engobe oder Barbotine-Techniken

Engobe (aus dem Französischen) ist ein aufgeschlämmter, flüssiger Ton. Mit ihm wird der zumeist farbige, z.B. rote Scherben dekoriert oder abgedeckt und entweder im Einbrandverfahren oder nach dem Schrühen transparent glasiert und bei etwa 1050° C glattgebrannt.

Üblicherweise wird Engobe auf relativ feuchtem, lederhartem Scherben aufgetragen und zwar durch Überschütten (Behauten), Tauchen, Spritzen, Rändern oder Schwämmeln. Die technischen Verfahren des Engobierens sind die gleichen wie die des Glasierens (s. *Glasier-Techniken*), allerdings mit dem großen Unterschied, daß der Scherben durch das Engobieren wieder weich wird. Es ist daher nicht ratsam, Gegenstände wie z.B. eine Schale gleichzeitig innen und außen zu engobieren, weil sie dadurch zusammenfallen könnte.

Technologische Probleme bei den Engobe-Techniken können sich ergeben, wenn der Scherben, auf den die Engobe aufgetragen wird, nicht feucht und lederhart genug ist, und wenn Engobe und Scherben in der Trocken- und Brennschwindung differieren. Der Engobebeguß bzw. die Malhörnchenmalerei können als Folge davon noch Monate nach dem Glattbrand abplatzen. Ein sicheres Mittel, der unterschiedlichen Schwindung aus dem Weg zu gehen, wäre, die Engobe aus dem gleichen Ton herzustellen, aus dem der Scherben besteht. Das ist möglich, wenn der Scherben sehr hell bis weiß ist. Da bei Irdenware häufig aber roter Ton bevorzugt wird, man aus rotem Ton aber keine weiße, gelbe, grüne oder blaue Engobe machen kann, sondern höchstens hell- bis dunkelbraune und schwarze, stellt man eine weiße Engobe her. Diese wird dem roten Scherben angepaßt und eingefärbt. Ein derartiger Engobeversatz ist im Anhang ebenso angegeben wie auch Einfärbungsvorschläge.

Man wiegt die Rohstoffe zur Herstellung der weißen Engobe ab und wiegt die Einfärbungen jeweils hinzu. Auf diese Weise ist die Engobezusammensetzung keinen Schwankungen unterworfen und wiederholbar.

Dem Engobepulver wird nun erst Wasser hinzugefügt. Dieses Gemisch wird zu einem Brei verrührt und anschließend zweimal durch das Sieb gelassen (s. *Glasier-Techniken*). Die Engobe ist danach gebrauchsfertig. Man hebt sie am besten in gut verschließbaren Eimern auf, damit sie nicht eintrocknet (s. *Bezugsquellen*).

Engobeproben trägt man auf lederharte Tonplättchen auf, die man auf der Rückseite numeriert und nach dem Schrühen transparent glasiert. Erst im Glattbrand entwickeln sich die Farben der Engoben im Zusammenwirken mit der Glasur.

Mannigfaltig sind die Dekormöglichkeiten, z.B. durch Pinsel- und Malhörnchenmalerei, Marmorierungs-, Verblase-, Schablone-, Kammzug-, Wachsaussspar-, Sgraffito-, Federzug-, Zerfließ-, Schwämmel- und Hakeme-Techniken.

Bei einigen dieser Dekortechniken wie z.B. den Kammzug-, Sgraffito- und Wachsausspar-Techniken kann man auch von Sinterengoben ausgehen. Es sind dies Engoben, die durch Flußmittelzusatz eine glatte, leicht glänzende Oberfläche ohne Glasurüberzug im Glattbrand entwickeln (s. *Glasurversätze und Engoben aus der Praxis*).

Sinterengoben können eingefärbt und wie normale Engoben durch Tauchen, Übergießen oder Spritzen auf lederharten, aber auch auf geschrühten Scherben aufgetragen werden. Beachten Sie die Rezepte von Professor Lehnhäuser im Anhang dieses Buches.

Abb. 116 Elizabeth Mould (Kanada). Teller. 1980. Über konvexer Gipsform gedreht. Bemalung des schamottierten, noch feuchten Tones mit schwarzer, grauer und ockerfarbener Engobe. In lederhartem Zustand eingravierte Linien. Unglasiert. Einbrandverfahren bei 1230°C. *Durchmesser 60 cm.*

Abb. 117 Engobemalerei. Dose. 1981. Schülerarbeit der Staatlichen Fachschule für Keramik, Landshut. Aus rotem Ton freigedreht. In lederhartem Zustand mit weißer Engobe und Pinsel bemalt. Transparent glasiert. Glattbrand bei etwa 1050°C.

Pinselmalerei mit Engobe

Sehr schöne, mit dem Pinsel gemalte Dekore aus farbigen Tonen kennen wir bereits aus archaischer Zeit. Aus historischen, großen Epochen sei an die Gefäße Kretas und Griechenlands erinnert.

Auch in der Gegenwart dekorieren z.B. die Indianer Süd- und Mittelamerikas ihre handaufgebauten Töpfe häufig mit farbigen Tonen, indem sie ihre alte Tradition fortführen. Diese Gefäße sind unglasiert und niedrig gebrannt. Auch Keramiker westlicher Kulturkreise behandeln oder bemalen ihre Objekte manchmal nur mit farbigen Tonen, weil sie eine stumpfe, unglasierte Oberfläche aus ästhetischen Gründen vorziehen (s. *Abb. 116*).

Pinselmalerei mit Engobe (s. *Pinsel-Technik*) erfordert eine dickflüssige Engobe und muß auch dick aufgetragen werden. Im Brand wird sie andernfalls leicht von der Glasur aufgelöst. Zu dünner Engobeschlicker läßt sich durch wenige Tropfen Essigsäure (s. *Bezugsquellen*) eindicken. Irdenware glasiert man, wie bereits erwähnt, mit transparenter Glasur (s. *Abb. 117; 118*). Diese dichtet den Scherben und hat eine schmutzabstoßende Wirkung (s. *Glasier-Techniken, Glasurversätze und Engoben aus der Praxis*).

Abb. 118 Monika Maetzel (BRD). Teller. 1977. Aus rotem Ton freigedreht und in lederhartem Zustand mit blaugrüner Schlickermalerei dekoriert. Nach dem Schrühbrand mit halbdeckender Feldspatglasur glasiert. Oxidierend bei 1200°C glattgebrannt. Durchmesser 35 cm.

Abb. 119 Engobe- und Sgraffitowerkzeuge. Malhörnchen aus Gummi mit Kautschuk- bzw. Glasspitze. Davor im Bild Sgarffitowerkzeuge und Hühnerfeder zur Ausführung der Federzug-Technik. (Rechts Quaste aus Schweineborsten für Smaltemalerei.)

Abb. 120 Malhörnchen-Technik

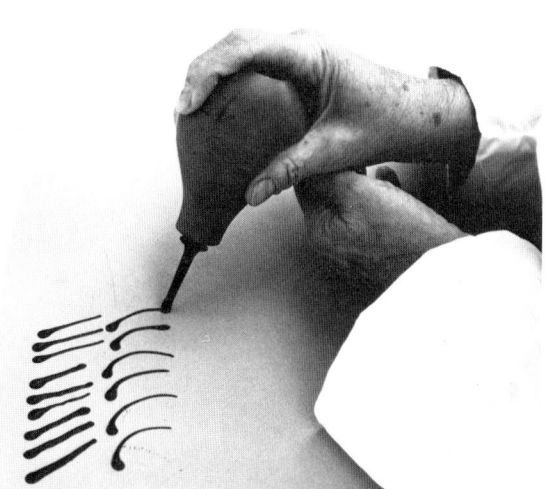

Abb. 121 Malhörnchen-Punkt-Dekor

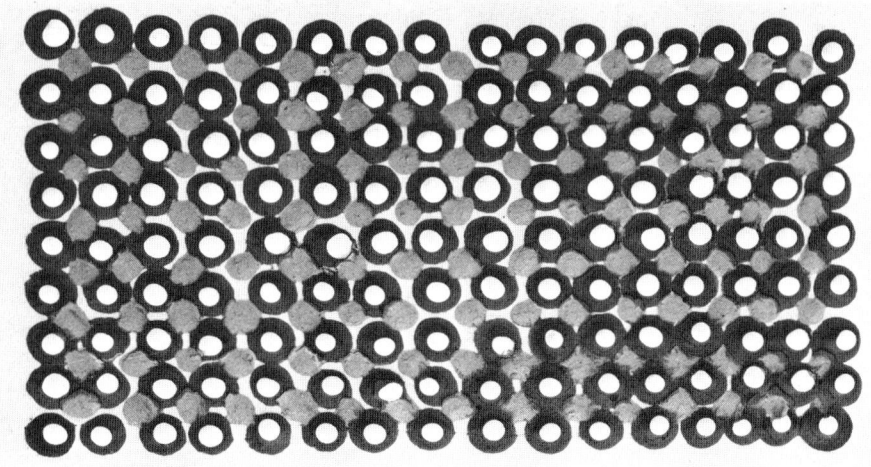

Malhörnchen-Technik

Ursprünglich wurde die Malhörnchenmalerei mit der sogenannten Gießbüchse ausgeführt, die auf der Drehscheibe aus Ton gedreht und nach dem Glattbrand mit einem Gänsekiel versehen wurde (s. *Zeichnung links unten*). Durch Schließen und Öffnen der Öffnung in der Gießbüchse mit dem Daumen wird der Druck auf die Engobe reguliert, so daß diese wie gewünscht herausfließt. Ist die Öffnung nicht mit dem Daumen zu schließen, muß die Engobe so eingestellt werden, daß sie weder zu dünn noch zu dickflüssig aus dem Hörnchen fließt.

Heute wird statt des Malhörnchens der bequemere Gummiball (s. *Abb. 119*) mit herausnehmbarer Glas- oder Kautschukspitze (Klistierspritze) benutzt (s. *Bezugsquellen*). Der Gummiball wird bei abgenommener Spitze gefüllt, indem der Schlicker angesaugt wird. Durch leichten Fingerdruck auf den gefüllten Ball läßt sich die ausfließende Engobe zu Punkten oder zu spitzen Strichen, zu Wellenlinien, Rändern usw. formen. Sie sitzen leicht erhaben auf dem Scherben (s. *Abb. 120*).

Mit Punkt und Linie können bereits Muster gebildet werden (s. *Abb. 121*). Aus diesen Elementarformen werden dann z.B. Blumen-, Tier-, Lebensbaummotive oder abstrakte Formen zusammengesetzt (s. *Abb. 122; 124*). Die Dekore können auf den lederharten Scherben direkt oder auf einen noch feuchten, aber nicht mehr klebenden Beguß aufgetragen werden.

Daß man Malhörnchendekore aber auch mit anderen Materialien und Glasuren und bei anderen Brennverfahren, z.B. bei Steinzeugtemperaturen und in reduzierender Atmosphäre oder auch im Salzbrand ausführen kann, zeigt *Abb. 123*.

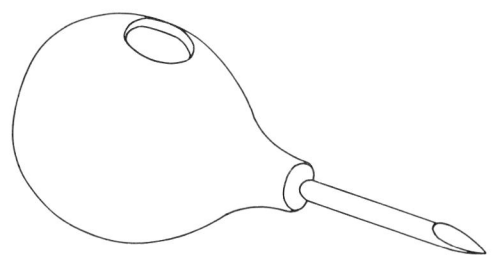

Malhörnchen

Abb. 122 Steffi Peltner (BRD). Malhörnchenmalerei auf einem in der Mitte mit Engobebeguß überzogenen Teller.

Abb. 123 Hildegard Storr-Britz und James Storr (BRD/GB). Dose. 1969. Freigedreht aus hellem Ton. Mit dem Malhörnchen aufgetragenes Engobeornament. Darüber blaue Smalte und eine dünne Schicht Kölschbraun. Salzbrand bei 1250° C. *H=14 cm, Durchmesser 15 cm. Keramion, Frechen.*

Abb. 124 Michael Cardew (GB). Schüssel. *Irdenware.* Aus rotem Ton freigedreht. Mahlhörnchendekor mit heller Engobe. Transparent glasiert. *Durchmesser 36,8 cm. City Museums of Stoke-on Trent, England.*

Abb. 125 Verschobene Engobelinien.
Auf noch feuchten Engobebeguß sind mit dem Malhörnchen Linien aufgetragen. Durch ruckartige Bewegung entstehen im Detail unwiederholbare Effekte.

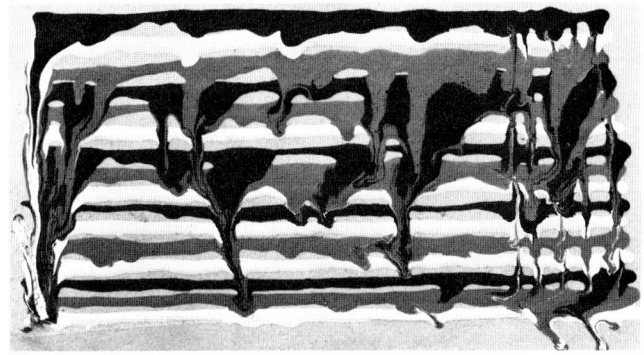

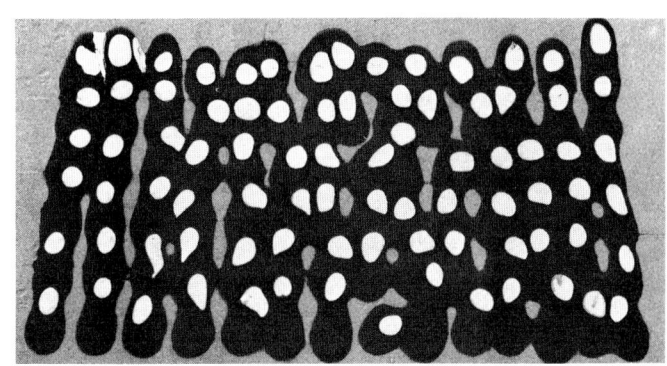

Abb. 126 Verschobene Malhörnchenpunkte. Auf noch feuchten Beguß sind Punkte mit dem Malhörnchen aufgetragen. Durch ruckartige Bewegung entstehen interessante Verschiebungen.

Abb. 127 Federzug-Technik.
Zweifarbige, mit dem Malhörnchen aufgetragene parallele Linien sind mit der feinen Spitze einer Hühnerfeder (s. *Abb. 109*) durchzogen, wodurch die Engoben ineinander gezogen wurden.

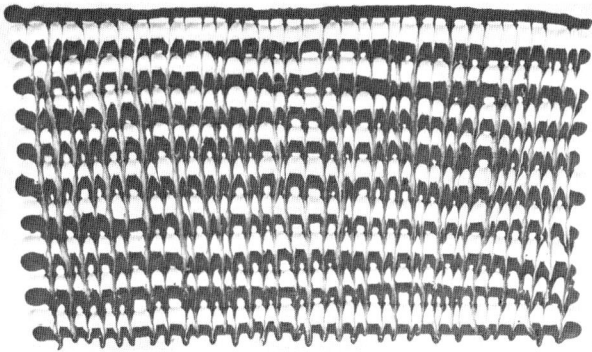

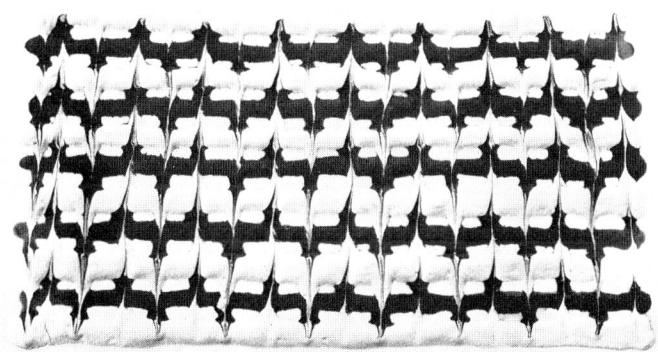

Abb. 128 Federzug-Technik.
Zweifarbige, mit dem Malhörnchen aufgetragene Engobelinien sind mit der Spitze einer Hühnerfeder (s. *Abb. 109*) in zwei verschiedenen Richtungen ineinander gezogen worden.

Abb. 129 Schale mit Engobemarmorierung. Auf feuchten Beguß werden mit dem Malhörnchen verschiedenfarbige Engobelinien aufgetragen. Durch ruckartige Bewegung werden sie so verschoben, daß ein Marmorierungseffekt zustande kommt. Transparent glasierte Irdenware. *Victoria und Albert Museum, London.*

Marmorierung durch Engobe

Werden verschiedenfarbige Punkte oder Linien auf einen noch naßfeuchten Engobebeguß aufgetragen, so können sie durch ruckartige Bewegungen des Gegenstandes so verschoben werden, daß nicht wiederholbare Formen entstehen (s. *Abb. 125; 126*).

Ein Marmorierungseffekt entsteht auch auf folgende, ähnliche Weise: Es werden auf eine Schale mit einem noch feuchten Engobebeguß verschiedenfarbige Linien mit dem Malhörnchen aufgetragen. Durch wenige ruckartige Bewegungen der Schale entsteht eine an Marmorierungen erinnernde Verschiebung der Linien.

Zu viele ruckartige Bewegungen verderben allerdings den Effekt. Noch frische Engobedekore lassen sich aber mit einem feuchten Schwamm wegwischen und erneuern (s. *Abb. 129*).

Federzug-Technik

Bei dieser Technik werden auf den noch feuchten Engobebeguß mit dem Malhörnchen verschiedenfarbige Linien parallel zueinander gerändert. Mit der feinen Spitze einer Hühnerfeder (auch Barthaare eines Hasen werden dazu verwandt) werden die Engobelinien im rechten Winkel auf den Maler zu durchzogen, wodurch die Engoben ineinandergezogen werden (s. *Abb. 127*). Durch einen Zug in entgegengesetzter Richtung (s. *Abb. 128*), der Gegenstand wird dazu in die entsprechende Richtung gedreht, kann das Ornament noch reicher gestaltet werden.

Mit der Federzug-Technik entstehen Muster, wie sie sich durch keine andere Technik erzeugen lassen.

Dem Schlicker für die Federzug-Dekore wird etwas Sirup hinzugefügt, um ihn länger feucht zu halten (s. *Abb. 130*).

Abb. 130 Federzugdekor. Teller. Jugoslawien 1969. Aus rotem Ton freigedreht. Weißgelber Engobeberguß. Rand mit braunen und roten, in der Mitte mit blauen, roten und weißen Bändern, die durch Federzug ineinander gezogen sind. Transparent glasiert. *H = 4,5 cm, Durchmesser 28 cm. Sammung Storr-Britz.*

Abb. 131 Steffi und Georg Peltner (BRD). Teller. 1981. Mit Engobe geschwämmelt in Grün, Braun, Schwarz und wenig Rot auf lederhartem Scherben. Nach dem Schrühbrand transparent glasiert und bei 1100° C in elektrischem Ofen glattgebrannt. *H = 7 cm, Durchmesser 35 cm.*

Verblase-Technik

Der Scherben wird in diesem Falle zunächst mit einer Engobeschicht überzogen. Solange diese noch feucht ist, aber nicht mehr am Finger klebt, wird eine zweite, andersfarbige Engobe darübergegossen. Unmittelbar danach, solange sie noch naß ist, wird die frische Engobeschicht mit Hilfe eines Glasröhrchens oder des Luftschlauches am Spritzapparat angeblasen. Hierdurch wird der noch nasse Schlicker auseinandergetrieben und kommt teilweise dünner und dicker zu liegen. Durch das andersfarbige Durchscheinen der darunterliegenden Engobe entstehen unwiederholbare Effekte.

In der Engobewerkstatt von Walter Rhaue in Schlesien wurden Verblase-Schlieren als Hintergrund für Malhörnchenmalereien z.B. auf Kachelöfen benutzt.

Schwämmeln mit Engobe

Naturschwamm (s. *Bezugsquellen*) oder Schaumgummi wird in trockenem Zustand mit der Schere zu einer bestimmten Form geschnitten. Aus Schaumgummi läßt sich auch mit glühenden Nadeln eine bestimmte Form herausbrennen. Das so hergestellte Dekormotiv aus Schwamm oder Schaumgummi läßt sich mit einem wasserunlöslichen Klebemittel auf ein Stückchen Holz (s. *Bezugsquellen*) kleben, um den Dekorschwamm griffiger zu machen. Der angefeuchtete, aber wieder ausgedrückte Schwamm wird in die flüssige Engobe (oder Oxid oder Dekorfarbe) getaucht, deren Konsistenz auf den Schwamm und Scherben abgestimmt sein muß. Das Schwamm-Motiv wird auf den lederharten (bei Dekorfarbe auf den geschrühten, eventuell auch roh glasierten) Scherben gedrückt, wodurch das Schwamm-Muster übertragen wird. Man hält dabei das Gefäß entweder in der linken Hand oder stellt es auf eine Ränderscheibe, die während des Schwämmelns langsam gedreht wird. Naturschwämme lassen eine gewisse Struktur durch die Poren des Schwammes zurück (s. *Abb. 131*).

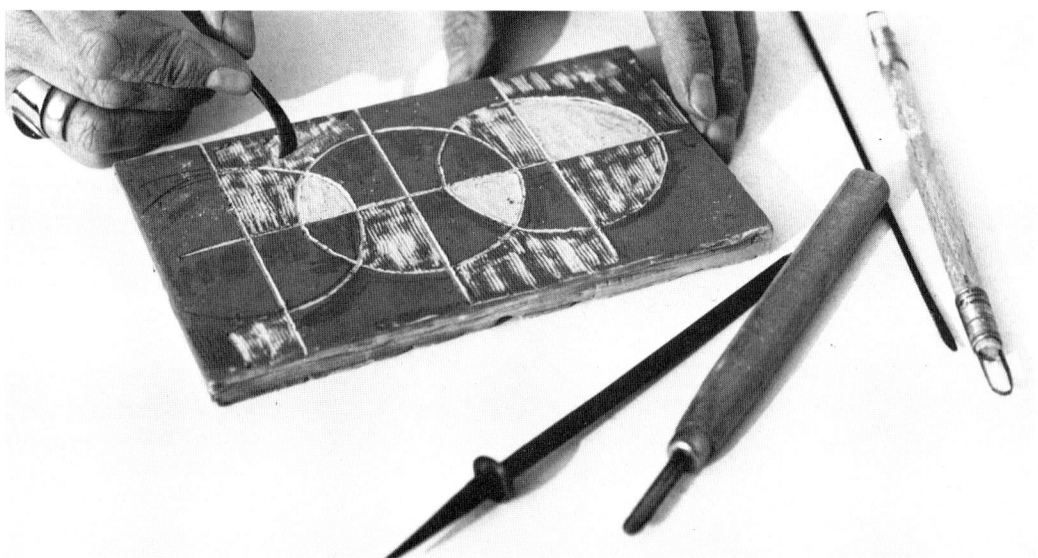

Abb. 132 Sgraffito-Technik. Ein roter Engobebeguß über hellem Scherben wird mit Gravierwerkzeugen teilweise linear, teilweise flächig durchritzt oder durchschabt, so daß ein zweifarbiges Ornament entsteht.

Abb. 133 Lucie Rie (GB). Porzellanschale. 1955. Freigedreht. Auf mattweißen Glasurüberzug wurde mit manganbrauner Mattglasur ein Band gerändert und mit Ritzwerkzeugen durchritzt. *Durchmesser 25 cm. Victoria und Albert Museum, London.*

Abb. 134 Lies Cosijn (NL). Schale.
1959. Aus hellem Ton freigedreht. Zuerst mit dunkler, dann mit heller Engobe überzogen. Lineares Sgraffitoornament ,,Kernproeven Amsterdam". *H = 5,7 cm, Durchmesser 20,3 cm. Museum Boymans-van Beuningen, Rotterdam, Int. Nr. A 3959.*

Abb. 135 Gefäß mit Sgraffito-ornament (GB). Kumme. 1954 (Keramiker unbekannt). Freigedreht aus dunkler Masse. Helle Glasur, z.T. grüngrau überrändert und in Sgraffito-Technik bis auf den dunklen Scherben durchritzt. H = 16,5 cm. Victoria und Albert Museum, London.

Sgraffito-Technik

Der Ausdruck (vom Italienischen „graffio", „kratzen") wurde zunächst auf Dekorationen aus verschiedenfarbigen Putzschichten an Architekturen angewandt. Auf die Keramik übertragen ist das einfachste Sgraffito-Ornament z.B. das spontane Durchfahren einer noch nassen Engobe oder Glasurschicht mit dem Finger, so daß der darunterliegende Scherben freigelegt wird. Komplizierter wird es, wenn mehrere andersfarbige Engobeschichten übereinander gelegt werden. Die Schicht, auf die der nächste Engobeguß kommen soll, muß noch feucht sein, darf aber nicht mehr am Finger kleben. Klebt die zu oberst liegende Schicht nicht mehr, kann man lineare oder flächige Ornamente mit Ritzeisen, Schabern, Hölzern und dergleichen einritzen oder einkratzen (s. Abb. 132). Es lassen sich dabei die verschiedenfarbigen Engobeschichten durch verschieden tiefes Kratzen bzw. Schaben freilegen und farbig zur Geltung bringen. Bleiben rauhe Ränder zurück, können sie in trockenem Zustand mit einem weichen Lappen abgerieben werden. Wird ein Sgraffitoornament in einen lufttrocknen Engobeüberzug geritzt, splittern die Ränder ein wenig, was ästhetisch reizvoll sein kann. Auch in eine Glasur-, Oxid- oder Dekorfarbenschicht lassen sich Dekore ritzen (s. Abb. 133; 134; 135).

Sgraffiato-Technik

Bei der bereits seit dem 10. Jahrhundert von den Persern angewandten Sgraffiato-Technik ist es nur eine helle Engobeschicht, die bis auf den dunklen Scherben durchritzt oder (wie bei der Champlevé-Technik) flächenhaft durchschabt wird, so daß sich das Ornament dunkel von hellem Grund abhebt. In die Zwischenfelder können farbige Glasuren, Engoben, Farbkörper oder Oxide gelegt und anschließend transparent überglasiert werden.

Zerfließ-Technik

Diese Dekorart heißt im Englischen Mokka-Diffusions-Technik. Sie wurde so benannt nach Achatsteinen, die im Hafen Mokka am Roten Meer zum Verkauf angeboten werden.

Ursprünglich wurde diese Dekortechnik auf niedriggebrannter Irdenware, wie man ihr heute noch in England begegnen kann, angewandt.

Man geht dabei von einem noch naß-flüssigen Engobebeguß aus. Ein Gemisch aus Apfelessig und Oxiden wie z.B. Braunstein oder Kobaltoxid wird daraufgeträufelt. Unmittelbar darauf entstehen nicht wiederholbare, zumeist an pflanzliche Formen, Dentriden, Bäume oder Landschaften erinnernde Gebilde (s. *Abb. 136*).

Statt des Apfelessigs benutzen einige Töpfer auch einen Aufguß aus Teeblättern oder Zigarren- oder Zigarettentabak und heißem Wasser, den sie über Nacht stehen lassen, absieben und dann mit Oxiden mischen. Dieses Gemisch erzeugt auf nassem Engobebeguß (aber auch auf nasser Glasurschicht) den oben beschriebenen Zerfließ-Effekt.

Die so dekorierte Irdenware kann transparent glasiert und bei niedriger (oder bei entsprechendem Scherben und entsprechender Glasur bei höherer) Temperatur glattgebrannt werden.

Im Gegensatz zu der Irdenware wendet Robin Hopper die Zerfließtechnik auf hochgebranntem, unglasiertem Porzellan an. Es ist ein typisches Beispiel dafür, wie ein kreativer Keramiker eine seit Generationen bekannte Technik so abwandelt, daß seine Arbeiten unverwechselbare, individuelle Züge tragen (s. *Abb. 137*).

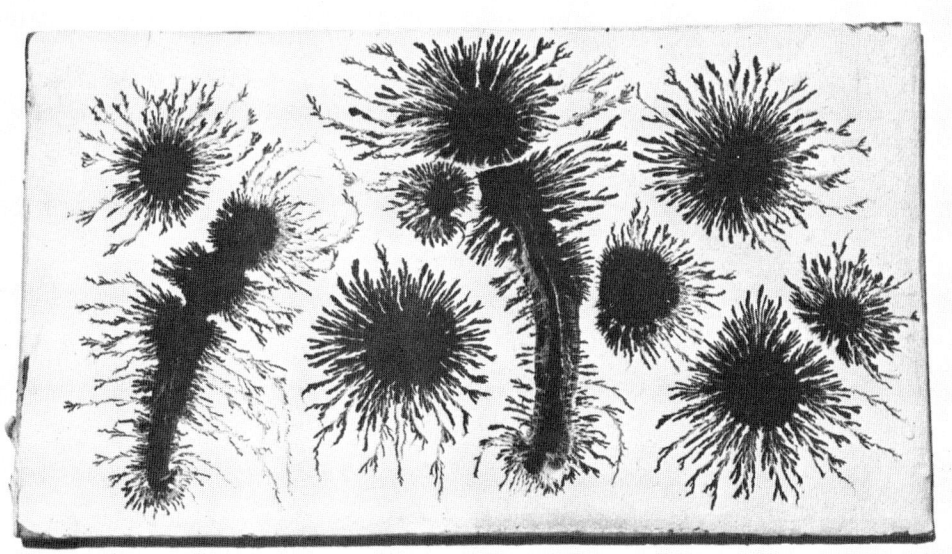

Abb. 136 *Zerfließ-Technik*. Auf noch feucht-flüssigen Engobebeguß wurde ein Gemisch aus Essig und Oxiden geträufelt, wodurch im Detail unwiederholbare Formen entstanden.

Abb. 137 Robin Hopper (Kanada). Porzellanvase. 1980. Freigedreht aus schwarzbrauner Porzellanmasse. Heller Engobeguß. Darauf Gemisch aus Essig und Oxiden geträufelt (Mokka-Diffusions-Technik). Nur innen glasiert. Im Gasofen bei 1290°C im Einbrandverfahren gebrannt. *H = 16,6 cm.*

Terra Sigillata

Terra Sigillata bedeutet „gesiegelte Erde", entweder nach der Stempelsignatur oder den Reliefapplikationen römischer Töpfer, welche diese Technik berühmt gemacht haben.
Eine feine, seidig glänzende Schicht überzieht die Gegenstände. Unsere Technologen ordnen sie weder der Engobe noch der Glasur zu. Sie wird folgendermaßen hergestellt:
Glimmerhaltige Tone werden (nach Prof. Werner Lehnhäuser) mit Wasser und Elektrolyt verflüssigt, indem man
100 Gewichtsteile Ton
260–300 Gewichtsteile Wasser und
0,4 Gewichtsteile Elektrolyt (z.B. Natron-Wasserglas oder Soda)
8–15 Stunden lang in einer Topfmühle mahlen läßt. Steht dieses Gemisch (je nach Wahl des Tones) einige Tage, so setzen sich die schweren Bestandteile nach unten ab. Die darüberstehende Flüssigkeit wird abgezogen und nochmals (ggf. mehrmals) dem Absetzungsprozeß unterzogen. Die so gewonnene Substanz färbt man mit Oxiden oder Farbkörpern ein und trägt sie durch Rändern, Spritzen oder Tauchen auf den rohen farbigen Scherben auf. Unmittelbar danach entsteht der feine, seidige Glanz, der auch im oxidierenden Brand bei 1150° C erhalten bleibt.
Terra Sigillata wird im Einbrandverfahren hergestellt. *Abb. 138* zeigt eine Schale, auf die grauweiße, hellbraune und braune Terra Sigillata auf roten Scherben gerändert wurde.

Abb. 138 Michael Moses (BRD). Schale. 1981. Aus rotem Ton freigedreht und mit beiger, dunkelbrauner, rotbrauner und schwarzer Terra Sigillata gerändert. Seidigglänzende Oberfläche. Einbrandverfahren. Im elektrischen Ofen bei 1150° C glattgebrannt. *Durchmesser 21,5 cm.*

Abb. 139 Shoji Hamada (Japan). Vase. Freigedreht. Hakeme-Technik. Mit Reisstrohpinsel (japanisch Hakeme) auf rotem Scherben aufgetragene gelblichweiße Engobe. Transparent glasiert. *H = 28 cm.*

Hakeme-Technik

Hakeme bedeutet, aus dem Japanischen übertragen, ,,Reisstrohbesen". Mit diesem relativ groben Pinsel wird Engobe auf einen lederharten, farbigen Scherben aufgestrichen, teils aufgerändert, wobei die durch den Pinsel entstandenen Streifen als Belebung empfunden werden und dem Bedürfnis nach Einmaligkeit und dem Nicht-Perfektionierten entsprechen. Hakeme-Bemalung dient häufig auch als Untergrund für Malhörnchen- und Pinselmalerei, aber auch für angeschüttete Dekore (s. *Abb. 139*).

Wachsausspar-Technik

Bienenwachs oder Kerzenwachs wird in einem Blechgefäß über einer Flamme oder, praktischer noch, in einer elektrischen Pfanne erhitzt, verflüssigt und mit $^1/_3$ Terpentinöl oder Petroleum geschmeidig gemacht.
Mit diesem Gemisch malt man zügig mit dem Pinsel entweder auf den lederharten, engobierten, geschrühten oder glasierten Scherben. Die beim Erkalten des Wachses steif gewordenen Pinsel wärmt man mit dem Wachs zu erneutem Gebrauch wieder auf, so daß sie wieder weich und gebrauchstüchtig sind.
Statt Wachs lassen sich auch Mittel wie Revultex, Latex oder Wachsemulsion benutzen, die kalt angewandt werden können (s. *Bezugsquellen*). Die Malerei mit diesen Aussparmitteln muß eine halbe Stunde oder länger trocknen, ehe man eine Engobe, Glasur, Dekorfarbe oder Oxid durch Rändern, Spritzen, Tauchen oder Übergießen darüber legen kann. Die mit Wachs bzw. Emulsion gemalten Stellen stoßen die darübergelegte Engobe, Glasur, Oxid oder Dekorfarbe, die zu diesem Zweck nicht dick- sondern relativ dünnflüssig sein müssen, ab (s. *Abb. 141*).
Im Glattbrand brennen die Aussparmittel weg, und sichtbar wird die darunterliegende Engobe, der Scherben oder die Glasur, die einen Kontrast zu der übrigen Oberfläche bilden. Die Pinsel müssen mit Wasser und Seife nach Gebrauch der Aussparmittel gut ausgewaschen werden (s. *Abb. 140; 142; 143*).

Abb. 140   Shoji Hamada (Japan).
Viereckige, aus einer Gipsform geformte Vase. 1955. Nach dem Schrühen wurde das Gefäß mit rotbrauner Glasur glasiert und das Pinselornament mit Wachs daraufgemalt und anschließend mit dunkelbrauner Glasur überglasiert. Das Ornament erscheint nach dem Glattbrand auf diese Weise rotbraun auf dunkelbraunem Hintergrund. H = 24 cm.

Abb. 141 Wachsausspar-Technik 10 cm × 10 cm große, geschrühte Wandplatten wurden mit Wachsemulsion und Pinsel bemalt und mit Breitpinsel und brauner Glasur übermalt. Dadurch wurde das Tier- und Pflanzenmotiv ausgespart, so daß es hell auf dunklem Grund steht.

Abb. 142 Jean Claude de Crousaz (Schweiz). Quadratische Schale mit Huhnmotiv. 1977. Mit heller Masse aus einer Gipsform ausgeformt. Nach dem Schrühbrand mit hellgrauer Feldspatglasur glasiert. Sodann mit Wachsemulsion und Pinsel bemalt und mit olivgrüner Glasur glasiert. Nach Antrocknen der Glasur nochmals mit Wachsemulsion und eisenbrauner Glasur bemalt. In reduzierender Atmosphäre des Gasofens bei 1300° C glattgebrannt. *Format 31 cm × 31 cm. Sammlung Dr. Paul Köster, Mönchengladbach.*

Schablone-Technik

Bei den Schablone-Techniken kann ein Dekormotiv durch Übermalen oder Überspritzen einer Schablone mit Dekorfarbe, Glasur oder Engobe aufgetragen werden, und zwar auf lederharten, lufttrocknen, geschrühten, engobierten, roh glasierten oder glattgebrannten Scherben. Es gibt Schablonen für einmaligen oder wiederholten Gebrauch. Eine der einfachsten Methoden der Aussparung ist, Pflanzenblätter, kleine Zweige oder dergleichen, die man auf den Scherben legt und ggf. mit Latex befestigt, zu übermalen oder zu überspritzen. Die Naturprodukte werden auf diese Weise auf der Unterlage in mehr oder weniger scharfen Konturen abgebildet. Ein reizvolles Beispiel ist das auf Porzellanglasur ausgesparte Hahnenfußblatt, das Christine Atmer de Reig mit Oxid überspritzte, so daß es hell auf dunklem Hintergrund steht (s. *Abb. 144*).

Schablonen zum einmaligen Gebrauch kann man im übrigen aus saugendem Papier (z.B. Zeitungspapier) ausschneiden oder auch reißen. Sie werden mit einem feuchten Schwamm an das lederharte oder geschrühte Gefäß angedrückt. Mit Engobe bzw. Glasur, Dekorfarbe oder Oxid wird das Schablonemotiv mit einem Flach- bzw. Breitpinsel übermalt (s. *Abb. 148/25; 26*) oder überspritzt. Nach dem Antrocknen wird die Papierschablone wieder abgezogen. Zurück bleibt das ausgesparte Dekormotiv (s. *Abb. 145*). Zusätzliche Formen und Farben können durch eine zweite Papierschablone hinzugefügt werden, indem man diese z.B. versetzt über die erste Aussparung legt und wiederum übermalt oder überspritzt. Schablonen zu mehrmaligem Gebrauch können aus Ölpapier oder Metallfolien (z.B. Zinn- oder Aluminiumfolien von 0,03–0,06 mm Stärke für auf-

Abb. 143 Alev Ebüzziye-Siesby (Dänemark/Türkei). Schale. 1980. Aus heller Masse frei aufgebaut. Nach dem Schrühbrand wurde das Ornament mit einem Aussparmittel wie Latex aufgemalt und gerändert und mit mattschwarzer Glasur überglasiert. Nach Antrocknen der Glasur wurde das Aussparmittel entfernt, so daß das Ornament unglasiert und hell auf dunklem Grund steht. Im elektrischen Ofen bei 1300°C glattgebrannt. H = 26 cm, Durchmesser 34 cm.

zuspritzende Dekore) geschnitten werden (s. *Bezugsquellen*).

Hierzu muß das Dekormotiv zunächst auf die Metallfolie aufgetragen werden, z.B. mit einer Stechpause (s. *Übertragen von Entwürfen auf keramische Gegenstände*) oder einer Abstreichschablone. Mit letzterer wird durch Übermalen mit Farbe das Dekormotiv auf die Metallfolie übertragen.

Zum Schneiden der Schablone wird die Folie auf eine saubere und trockene Glasplatte gelegt und das Muster mit einem Schablonenmesser herausgeschnitten (s. *Bezugsquellen*). Es muß immer auf den Schneidenden zugeschnitten werden. Man hält die Folie mit dem linken Zeigefinger auf der Glasplatte fest und dreht sie mit dem linken Mittelfinger in die gewünschte Richtung.

Mit nassem Schablonemesser läßt sich am besten schneiden. Während der Arbeit muß das Messer immer wieder auf einem geeigneten glatten Schleifstein geschliffen werden.

Beim Dekormotiv ist darauf zu achten, daß die einzelnen Flächen und Konturen durch Stege verbunden sind, damit die Schablone zusammenhängend bleibt. Nach dem Schneiden legt man über die Schablone ein Stück Papier und streicht sie auf der Glasplatte glatt. Für jede Farbe, die man auftragen möchte, muß eine gesonderte Schablone geschnitten werden. Gutes Markieren von Anlegepunkten gewährleistet ein passergenaues Aufeinanderlegen der Formen. Für einen Tellerrand muß das Muster sorgfältig in Segmente aufgeteilt werden, die aneinandergereiht das Tellermuster ergeben.

Wesentlich problematischer anzufertigen als Schablonen für flache Gegenstände wie Platten, Teller usw. sind solche für Hohlformen, wie z.B. Gefäße. In diesem Falle muß die Metallfolie dem Gegenstand zuerst angepaßt, d.h. an das Gefäß angedrückt werden, wobei dort, wo Falten entstehen, ein seitliches Einschneiden und Zusammenkleben der auseinandergeschnittenen Teile (z.B. durch Klebestreifen) notwendig ist.

Das Dekormotiv muß auf die der Gefäßform angepaßte Folie aufgezeichnet oder ggf. mit

Abb. 144 Christine Atmer de Reig (BRD). Schale. 1970. Aus Porzellanmasse freigedreht. Nach dem Schrühbrand mit weißer Zinnglasur glasiert. Ein natürliches Hahnenfußblatt wurde daraufgelegt und mit glänzender, heller bis mittelblauer Kupfer- und Kobaltglasur überspritzt, so daß das Blatt ausgespart wurde. Glattbrand bei 1300° C. H = 6,5 cm, Durchmesser 11,5 cm. Sammlung Dr. Thiemann, Hamburg.

einer Stechpause aufgepaust und dann an dem Gefäß ausgeschnitten werden.

Die gebrauchsfertige Schablone wird auf der Unterseite ganz leicht eingefettet (z.B. mit Haarpomade), damit die Farbe, Glasur oder Engobe nicht unter die Schablone läuft. Allerdings darf der Scherben dabei nicht fettig werden, weil er sonst keine Glasur mehr annimmt. Die Schablone befestigt man mit etwas Latex auf dem zu schablonierenden Gegenstand.

Für das Übermalen muß die Farbe auf den Scherben abgestimmt werden. Saugt er sehr stark, muß sie dünnflüssiger sein als für einen weniger porösen Scherben. Den Pinsel (Schablonierer) führt man zunächst fast senkrecht über die Schablone, um ihn beim zweiten Übermalen nochmals flach darüber zu streichen. Die Schablone sollte während des Arbeitsvorganges nicht trocken werden, da sie sich andernfalls leicht mit Farbe zusetzt. Die Farben lassen sich besser auftragen und werden weniger streifig, wenn man sie mit etwas Glyzerin und pulverisiertem Ton mischt.

Für das Überspritzen von Schablonen sollten Farbe, Glasur oder Engobe dickflüssig eingestellt werden, da die Metallschablone die Flüssigkeit nicht absorbieren kann und sie folglich während des Spritzens leicht daran abläuft. Läßt man Farbe, Glasur oder Engobe nach dem ersten Überspritzen aber auf der Schablone antrocknen, besteht diese Gefahr nicht mehr. Und damit die Schablonen zwischen den Spritzvorgängen auch trocknen können, wird häufig mit zwei Schablonen gearbeitet.

Auch beim Schablonieren werden zuerst die hellen Farbtöne aufgetragen und danach die dunklen darübergelegt, weil Unterglasurfarben nicht deckend sind.

Die durch Schablonieren ausgesparten Felder können auf lederhartem Scherben mit dem Malhörnchen, durch Kammzug usw., auf geschrühten oder rohglasierten Gegenständen mit Pinselmalerei belebt oder ergänzt werden. Kreisförmige oder ovale sogenannte „Fensterbilder" können auf diese Weise ausgespart und anschließend dekoriert werden.

Blechschablonen, aus denen die Muster herausgeätzt werden (s. *Ätzkanten-Dekor*), benutzt man, wenn ein Dekormotiv aus dem lufttrockenen Engobeüberzug ausgebürstet oder mit einem Sandstrahlgebläse herausgeblasen werden soll.

Nach Beendigung des Schablonierens werden die Schablonen für flache Gegenstände mit weichem Schwamm und Wasser gesäubert, zwischen Löschpapier getrocknet und eingefettet, während die Schablonen für Hohlformen wie z.B. Gefäßen an den Gefäßen selbst aufbewahrt werden. Dadurch wird eine Deformation, eine Veränderung der Schablonenform, vermieden.

Schablonierte Dekore können – je nach Herstellungsverfahren – transparent überglasiert oder wie z.B. beim Schablonieren auf glattgebrannter Glasur mit Aufglasurfarben im Schmelzfarbenbrand eingebrannt werden (s. *Abb. 146*).

Abb. 145 Papierschablone. Zu einmaligem Gebrauch kann man Schablonen aus Papier schneiden. Sie werden mit etwas Latex auf dem Gefäß befestigt und mit Glasur oder Dekorfarben überrändert.

Abb. 146 Günter Schwickert (BRD). Aus Zinnfolie wurde eine Schablone geschnitten und an die lederharte Vase angepaßt. Die restlichen Flächen wurden durch vertikale Rillen strukturiert. Durch Überspritzen mit brauner Smalte wurden die nicht mit der Schablone abgedeckten Stellen braun. Salzbrand bei 1250°C. Die Vasen rechts im Bild veranschaulichen die Schablonendekoration an glattgebrannten Stücken.

Pinselmalerei

Pinsel-Technik der

- Unterglasurmalerei
- Inglasur- oder Fayencemalerei
- Aufglasurmalerei

Die beiden erstgenannten Techniken lassen sich insofern zusammenfassen, als die gleichen Pinsel und die gleiche Pinsel-Technik zur Anwendung kommen (s. *Abb. 147; 148*).

Pinselmalerei ist eine der primären keramischen Dekortechniken. Voraussetzung für gute Resultate sind gute Pinsel, aber auch eine gute Pinsel-Technik, die nur durch Übung erworben werden kann.

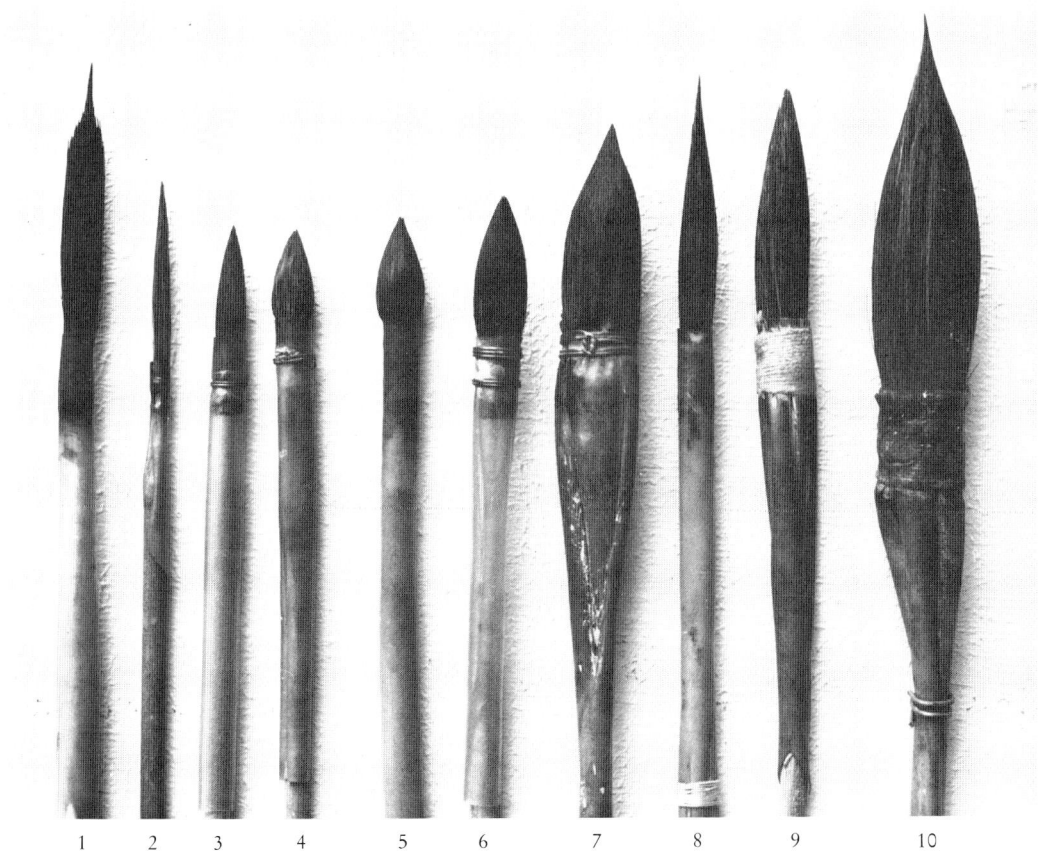

Abb. 147 Pinsel für keramische Malerei, in natürlicher Größe wiedergegeben. Sie werden benutzt z.B. für Unterglasurmalerei bei Steingut-, Steinzeug-, Fayence-, Smalte- und Glasurmalerei, bei Ausspar-Techniken, Engobedekoren usw.

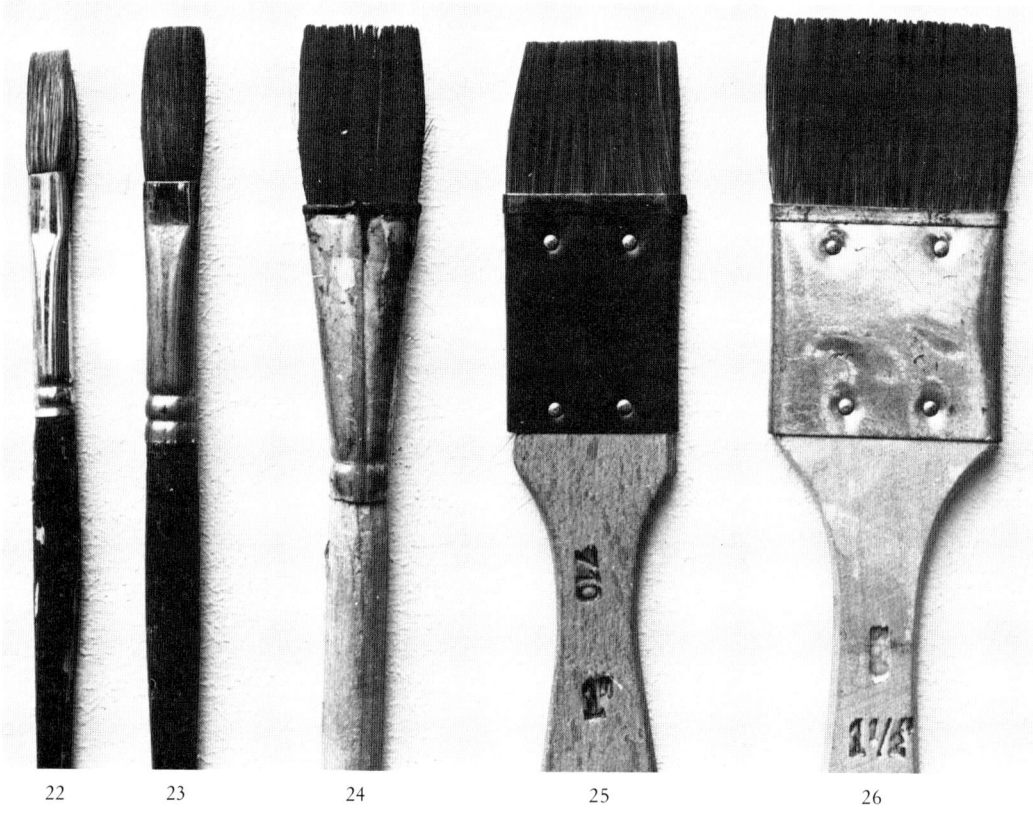

Abb. 148 *Flachpinsel für keramische Malerei*, in natürlicher Größe wiedergegeben

Man unterscheidet z.B. lange, kurze, dicke, schmale, spitze, runde, flache Pinsel. Jede Pinselform hinterläßt einen entsprechenden Pinselstrich, weshalb der Keramiker ein Sortiment verschiedener Größen und Formen haben sollte. Die vom Keramiker verwendeten Pinsel werden vornehmlich aus Feh-, Marder- oder Rindshaar hergestellt. Sie sind meist in Gänsekiele gefaßt (s. *Abb. 147 und 148*) und müssen, bevor der Pinselstiel in den Kiel eingepaßt wird, in warmem Wasser eingeweicht werden. Dadurch verlieren sie ihre Sprödigkeit und werden nicht so leicht gespalten. Die Kiele der Pinsel auf *Abb. 147/8, 9* sind z.B. gespalten und mußten mit Bindfaden umwickelt werden, damit sie weiter benutzt werden können.

Pinsel sind teuer. Es lohnt sich, sie gut zu behandeln, sie nach Gebrauch mit Wasser sorgfältig auszuwaschen und umgekehrt aufrechtstehend in einem Behälter aufzubewahren, damit sie die Form behalten (s. *Abb. 149*).

Für die ersten Versuche benutzt man nicht zu große Pinsel, sondern Pinsel der Größe 4 oder 5, die in *Abb. 147* im Maßstab 1:1 wiedergegeben sind. Anfangs malt man am besten mit Wasserfarbe, zunächst auf saugendem Zeitungs- oder Makulaturpapier, weil dies den saugenden Eigenschaften eines porösen keramischen Scherbens oder der Fayenceglasur in etwa entspricht.

Die linke Hand wird auf den Tisch, und die rechte Hand, die den Pinsel hält, so auf die linke gelegt, daß das rechte Handgelenk frei, locker und leicht beweglich ist. Der mit Wasserfarbe gefüllte Pinsel wird fast rechtwinklig senkrecht mit der Pinselspitze auf das Papier aufgesetzt (s. *Abb. 150*) und unter leichtem Druck (s. *Abb. 151*) in eine Spitze gezogen (s. *Abb. 152*). Dadurch wird der Pinselansatz breit und endet in einem manchmal etwas dunkleren Punkt, wie dies ähnlich auch bei Unter- und Inglasurmalerei beobachtet werden kann.

Bei kleineren Gefäßen wird aus dem Handgelenk, bei größeren aus Ellenbogen oder Schultergelenk, die wie Zirkel wirken, gemalt. Der Maler muß den Pinsel aus allen Richtungen, d.h. von oben nach unten (↓), von unten nach oben (↑) (s. *Abb. 153/1*), schräg von links oben nach rechts unten (↘) (s. *Abb. 153/1*), von unten links nach oben rechts (↗) (s. *Abb. 153/2*) und auch in gebogener Form (↷) (s. *Abb. 153/3*) führen können. Keramische Gefäße können nämlich nicht in alle Richtungen, aus denen man malen möchte, gehalten werden, weil z.B. die Glasur dabei beschädigt würde oder die Gegenstände zu groß und unhandlich sind, weshalb der Maler die Technik mühelos beherrschen muß.

Wenn die Pinselübungen (s. *Abb. 153/1–3, 9*) leicht von der Hand gehen, wird der Pinsel im Gegensatz zu den vorigen Übungen in spitzem Ansatz unter leichtem Druck verbreitert, um dann wieder in eine Spitze ausgezogen zu werden (s. *Abb. 153/4, 8*).

Bei der Übung auf *Abb. 153/7* wird der Pinselstrich spitz begonnen und breit beendet, wodurch der dunkle Punkt am breiteren Ende erzeugt wird.

Die Übungen von *Abb. 153/5, 6* werden mit dem Flach- oder Schriftpinsel (s. *Abb. 148/22*) und die ganz dünnen Striche (s. *Abb.153/10*) mit den Zeichenpinseln 1 oder 2 ausgeführt. Pinsel 1 ist von zwei Seiten leicht schräg zugeschnitten, wodurch er nicht nur eine feine Spitze hat, sondern mehr Farbe aufnehmen kann und dadurch auch mehr Zeichenstriche damit ausgeführt werden können. Aus den verschiedenen Pinselstrichen werden Dekormotive aller Art zusammengesetzt (s. *Abb. 154*).

Im Anschluß an die Übungen auf dem Papier müssen Übungen an einem geschrühten Gefäß, das wieder abgewaschen werden kann, folgen. Es sollte dazu auf einer Tischränderscheibe (s. *Bezugsquellen*) stehen, so daß auch Ränder-Übungen daran gemacht werden können.

Abb. 149 Aufbewahren von Pinseln. In einem Behälter aufrechtstehend behalten die Pinsel ihre Form.

Abb. 150 Pinselübungen.
Die rechte Hand liegt bei den Übungen auf dem linken Handgelenk und setzt den Pinsel fast senkrecht auf die Unterlage auf.

Abb. 151 Unter leichtem Druck wird der Pinsel breitgedrückt.

Abb. 152 Der Pinselstrich wird in eine Spitze ausgezogen.

Rändern, Bändern und Linieren

Das Gefäß, das mit einem Rand, Band oder einer Linie versehen werden soll, die meist parallel zum Rand oder Fuß des Gefäßes verlaufen, muß zunächst zentriert werden. Es wird hierzu eine Tischränderscheibe von etwa 15 cm Höhe und einem Scheibendurchmesser von etwa 18–22 cm benötigt oder aber eine (auf dem Fußboden stehende) Standränderscheibe. Sie ist etwa 60 cm hoch und in der Höhe bis auf etwa 90 cm verstellbar. Der Scheibendurchmesser beträgt ebenfalls etwa 20–22 cm (s. *Bezugsquellen*).

Mit der linken Hand wird die Ränderscheibe vom Maler weg (gegen den Uhrzeigersinn) gedreht, während die rechte leicht den auf der Scheibe stehenden Topf so lange der Mitte zu stößt, bis er zentrisch und gleichmäßig läuft.

Glasierte Gegenstände zentriert man, wenn die Glasur empfindlich ist, am besten auf einer runden Gips- oder Asbestplatte. Sie kann in die Mitte der Ränderscheibe gestoßen werden, ohne daß man dabei Gefäß und Glasur berührt.

Auch viereckige Wandplatten zentriert man auf einer runden Unterlage. Möchte man Serienstücke gleicher Größe rändern, so kann man eine Halterung aus Holz oder Metall auf der Ränderscheibe anbringen. In diese Halterung werden die Gegenstände gestellt, wodurch sich das Zentrieren erübrigt.

Das Zentrieren sollte geübt sein, da nicht nur Gefäßrand oder -fuß, sondern häufig auch andere Partien, z.B. Bauch oder Hals gerändert werden, und der Topf dann dort zentrisch laufen muß.

Bei Gegenständen, die nicht zentriert sind, wird das gewünschte Band auf der einen Seite des Gefäßes breit und auf der anderen Seite schmal, weil der Druck auf den Pinsel nicht gleichmäßig sein kann. Bei einer nicht zentrierten viereckigen Platte sitzt der geränderte Kreis nicht in der Plattenmitte.

Eine rohglasierte Schale sollte so auf der Standränderscheibe stehen, daß sich der Schalenrand tiefer und unterhalb der Tischkante befindet. Die das Innere der Schale bemalende oder rändernde Hand kommt dadurch mit dem Schalenrand nicht direkt in Berührung (s. *Abb. 155*).

Es gibt unterschiedliche Ränderpinsel (s. *Abb. 147/8, 9, 10*), für dünne Linien, breite Bänder (s. *Abb. 148*) etc. Sie bestehen aus Rindshaaren, die in Gänsekiele gefaßt sind, wie bereits erwähnt. Je größer der Umfang des zu rändernden Gegenstandes ist, desto dicker sollte der Ränderer sein, weil die Farbe, die er aufnehmen kann, womöglich für eine Ränderlänge reichen soll. Ist das nicht der Fall, muß mehrmals angesetzt werden und die Übergänge müssen durch Vorwärts- und Rückwärtsrändern oder durch ein Überrändern mit Wasser ausgeglichen werden.

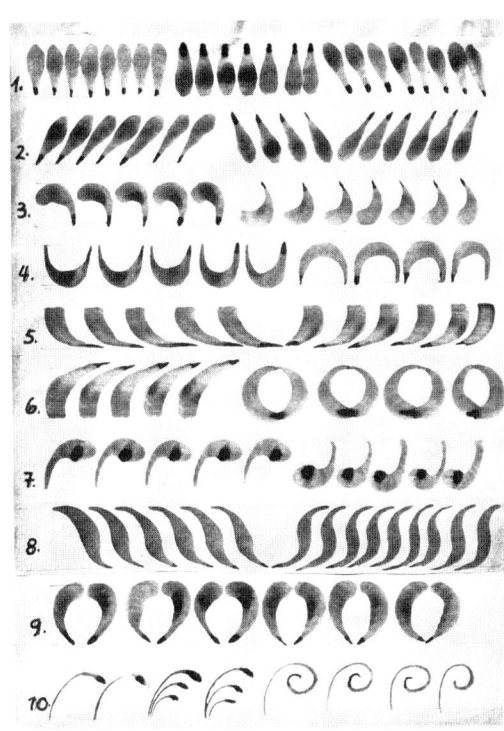

Abb. 153 Elementare Pinselstriche. Aus ihnen lassen sich viele Ornamente zusammensetzen.

Steht der zu rändernde Topf auf der Tischränderscheibe, wird der rechte Arm auf dem Tisch oder dem Bankett aufgestützt (s. *Abb. 155; 194*), so daß die rechte Hand den Ränderpinsel ruhig an das Gefäß halten kann. Mit der linken Hand wird die Ränderscheibe vom Körper weg (entgegen dem Uhrzeigersinn) gedreht, so daß sich das Gefäß unter dem Pinsel dreht und eine Linie oder ein Band daran gezogen wird. Anfang und Ende einer solchen Linie müssen „nahtlos" ineinander übergehen. Bei komplizierten Rändern ist ein leichtes Vorrändern mit einem weichen Bleistift angebracht.

Spiralen lassen sich leicht aus der Mitte zum Schalenrand ziehen, oder umgekehrt vom Schalenrand der Mitte zu, während die linke Hand die Ränderscheibe dreht.

Bei ovalen oder eckigen Formen ist das Rändern kompliziert. Mittelfinger und Ringfinger fahren an der Gefäßform entlang und dienen so als Führung für den von Daumen und Zeigefinger gehaltenen Pinsel, mit dem der Rand gezogen wird.

Eine andere Möglichkeit ist, dem zu rändernden Gefäß eine zweiteilige Gipsform anzupassen. Sie dient dem Pinsel als Führung. Der Aufwand, eine derartige Gipsform herzustellen, lohnt sich aber nur, wenn man eine große Stückzahl der gleichen Art rändern möchte.

Unterglasurmalerei

Unterglasurmalerei kann auf rohem oder geschrühtem Scherben und bei Irdenware, Steingut, Steinzeug und Porzellan zur Anwendung kommen. Hier sei zunächst mit den Dekortechniken, die auf rohem, nicht vorgebranntem, sondern lufttrockenem Scherben ausgeführt werden, begonnen.

Smaltemalerei bei salzglasiertem Steinzeug

Malerei mit Smalten wird bei salzglasiertem Steinzeug angewandt.
Unter salzglasiertem Steinzeug vesteht man eine gesinterte (d.h. wasserdichte) Ware, die einen hellfarbigen Scherben hat und salzglasiert ist. Salzglasiertes Steinzeug wird weder durch Laugen noch Säuren – außer durch Flußsäure – angegriffen.

Salzglasur ist eine Anflugglasur. Sie entsteht durch Kochsalz, das bei 1200° C in den Ofen geworfen wird und zusammen mit Bestandteilen des Tones und dem im Ofen befindlichen Wasserdampf ein Natrium-Tonerdesilikat bildet, das in dünner, glasartiger Schicht das Innere und Äußere der Gefäße überzieht.

Im Einbrandverfahren erhält der Scherben in reduzierender (sauerstoffarmer) Atmosphäre eine durchgehend hellgraue und in oxidierendem (sauerstoffreichen) Brand eine hellbraune Färbung.

Das Steinzeug wird in lufttrockenem, rohem Zustand mit Smalten bemalt. Es sind dies Glasflüsse mit einem oder mehreren eingeschmolzenen Metalloxiden wie z.B. Kobaltoxid für Blau; Braunstein für Manganviolett; Chromoxid für Grün; Eisenoxid für Braun; ein Gemisch aus Chromoxid, Eisenoxid und Kobaltoxid für Schwarz.

Smaltepulver werden von Spezialfabriken hergestellt und sind durch den Fachhandel zu beziehen (s. *Bezugsquellen*). Sie müssen mit 20%–30% pulversiertem Wirgeser Ton versetzt werden, damit sie sich nicht so leicht absetzen und gut auftragen lassen.

Die Westerwälder graublaue Eulerware wird von der Blauerin (d.h. der Malerin) auf dem Schoß dekoriert. Die linke Hand hält und dreht den Topf – sogar beim Ziehen des Randes –, während die rechte Hand locker und leicht und wie schreibend die Pinselstriche zu den traditionellen blauen Smaltemustern zusammensetzt. Sie benutzt dazu eine Quaste aus Schweineborsten (s. *Abb. 156; 119*).

Andere auf salzglasiertes Steinzeug spezialisierte Werkstätten benutzen nicht nur blaue, sondern auch violette, braune und schwarze Smalten für ihre Dekorationen. Die Gefäße stehen beim Bemalen meist auf der Ränderscheibe, während mit dem Pinsel gemalt wird. Nach dem Dekorieren werden sie häufig noch einmal leicht mit dem sogenannten Kölschbraun überspritzt. Dies ist ein Gemisch aus

Lavalitmehl, das man mit 10% pulverisiertem Wirgeser Ton und Wasser zu einem Brei vermischt. Die Gefäße erhalten durch diesen Überzug eine bräunliche bis braun gesprenkelte Oberfläche. Mit den Smalten zusammen bildet das Kölschbraun feine Zwischentöne. Sie gehen mit dem grauen Steinzeugscherben eine herbe, schöne Einheit ein (s. *Abb. 157; 158; 159; 160*).

Unterglasurfarben bestehen u.a. aus Farbkörpern, Flußmitteln, Kaolin, Nephelin Syenit oder ähnlichen Materialien. Diese Dekorfarben werden für die einzelnen Herstellungsverfahren mit ihren unterschiedlichen Brenntemperaturen von Spezialfabriken hergestellt, so für Steingut, Steinzeug und Porzellan. Man teilt sie in konturscharfe und solche mit weichen Konturen ein, die Reaktivfarben genannt werden. Sie sind bereits in Portionen von 50 g erhältlich (s. *Bezugsquellen*). Sie sollten in kleinen Plastikdosen, die mit den Nummern der Herstellerfirma beschriftet sind, aufbewahrt werden.

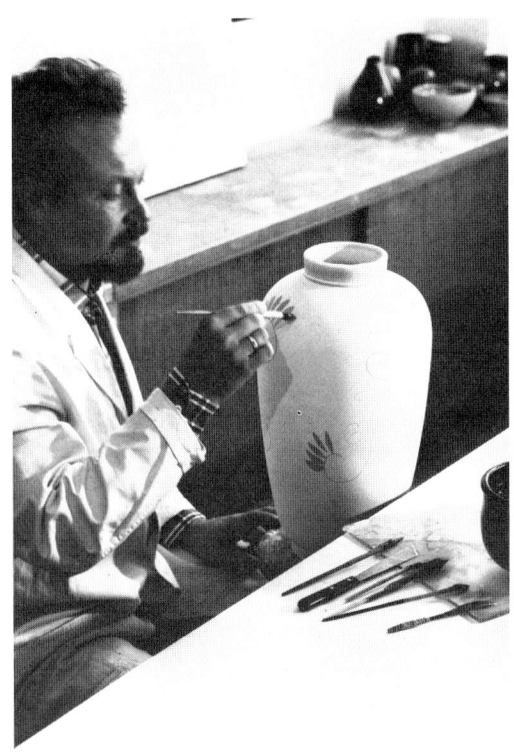

Abb. 154 Aus einzelnen Pinselstrichen werden die Dekore gebildet.

Abb. 155 Rändern und Bändern. Beim Rändern steht der zu rändernde Gegenstand auf einer von der linken Hand gedrehten Ränderscheibe (hier im Bild auf einer auf dem Boden stehenden Standränderscheibe). Der rechte Arm ist auf dem Tisch (oder Bankett) ruhig gestellt, damit der Pinsel ganz ruhig gehalten werden kann.

Abb. 156 Blauerin. Beim „Blauen", d.h. Bemalen eines lufttrockenen Topfes benutzt die Blauerin eine Quaste aus Schweineborsten zum Auftragen der Smalte (s. auch Abb. 119).

Abb. 157 Elfriede Balzar Kopp (BRD). Bowle. 1978. Freigedreht in hellem Steinzeugton. Pinselmalerei mit Kobaltsmalte. Salzbrand bei 1250°C. $H = 21$ cm, Durchmesser 24 cm.

Abb. 158 Bita Mühlendyck (BRD). Kaffeegeschirr. 1978. Freigedreht aus heller Steinzeugmasse. Pinselmalerei mit Smalten. Salzbrand bei 1250° C.

Die Unterglasurdekorationen bei Steingut, Steinzeug und Porzellan haben gemeinsam, daß die pulvrigen Dekorfarben mit Wasser auf einer Glasplatte von etwa 25 cm × 25 cm gemischt und die Körnchen mit einem Metallspachtel (s. *Abb. 184a*) sorgfältig und fein verrieben werden.

Die Pinsel sind für die genannten Verfahren die gleichen (s. *Abb. 147; 148/1–26*), ebenso die Maltechnik (s. *Pinsel-Technik*). Runde Malpinsel werden, nachdem man sie angefeuchtet hat, auf der Glasplatte in dem dünnen „Wasser-Farbe-Gemisch" rund gedreht, Flachpinsel werden flach ausgestrichen, damit sie die ursprüngliche Form zeigen.

Prinzipiell sollte die Glasplatte mit der angemischten Farbe und dem Wassertopf rechts neben dem zu bemalenden oder zu rändernden Gefäß stehen, und zwar so nahe wie möglich. Wenn man nämlich einen Tag lang malt oder rändert, summiert sich die Strecke, die mit dem Pinsel zum Wasser und zur Farbe zurückgelegt werden muß.

Für die Unterglasurmalerei ist es notwendig, sei es bei Feinsteinzeug, Steingut oder Porzellan, eine Farbpalette auf dem entsprechenden Scherben, mit der zu benutzenden Glasur, dem Brennverfahren und der gewünschten Endtemperatur anzufertigen. Die Farben müssen dabei von Hell bis Dunkel schattiert und mit den Nummern der Herstellerfirma versehen werden (s. *Abb. 161*). Auf der Rückseite der Palette sollte die Brenntemperatur und die Glasurnummer mit Braunstein vermerkt werden. An derartigen Paletten wird man sich immer wieder bei der Farbzusammenstellung und beim Farbauftrag orientieren können.

Eine Farbpalette ist auch deshalb wichtig, weil Dekorfarben und Oxide vor dem Brand andersfarbig sind als nachher. So sehen z.B. Kobalt-, Kupfer-, Mangandioxid und schwarze Dekorfarbe vor dem Brand alle schwarz aus und entwickeln erst ihre blaue, grüne, braune und schwarze Farbe mit der Glasur zusammen im Brand.

Falls Dekorfarben gemischt werden, sollten vorher ebenfalls Proben gemacht werden. Z.B. kann man die Farben auf einer Platte oder einem Teller kreuzweise übereinanderlegen, wodurch sich die chemische Reaktion der Farben untereinander gut erkennen läßt (s. *Abb. 162*). Es ist auch möglich, Farbpulver zu mischen, man muß in diesem Falle aber die Mischungsverhältnisse durch Abmessen und, besser noch, durch Abwiegen festhalten, um sie wiederholen zu können.

Dekorationen unter der Glasur sind unbegrenzt haltbar, was z.B. besondere Bedeutung dann gewinnt, wenn Gefäße und Geschirre spülmaschinenfest sein sollen.

Abb. 159 Walter Drohan (Kanada). Vase. 1969. Aus hellem Steinzeugton freigedreht. Pinselmalerei mit brauner Smalte auf lufttrockenem Scherben. Salzbrand bei 1250° C. *Mittelrheinisches Landesmuseum, Mainz.*

Abb. 160 William Gordon (GB). Salzglasierte Schale. 1950. Freigedreht. Über gerillter Fläche Pinseldekor. Victoria und Albert Museum, London.

Abb. 161 Farbpalette. Unterglasurfarben sind schattiert auf eine Platte aufgetragen, transparent überglasiert und glattgebrannt worden.

Abb. 162 Kreuzweise übereinandergelegte Dekorfarben zeigen nach dem Glattbrand in Verbindung mit der Glasur ihre Reaktionen untereinander.

Unterglasurgemaltes Steinzeug

Steinzeug ist technologisch zwischen Steingut und Porzellan anzusiedeln. Es hat einen hellen bis braunen, gesinterten Scherben, der glasiert oder auch unglasiert sein kann. Die Dekoration kann auf rohem, d.h. ungebranntem oder geschrühtem Scherben mit Oxiden oder Dekorfarben z.B. durch Pinselmalerei, Spritzen, Schablonieren, Rändern, Stempeln usw. ausgeführt werden.

Nach dem Schrühbrand wird das Ornament dann entweder mit transparenter, farbigtransparenter, glänzender oder halbopaker Glasur glasiert, sei es durch Spritzen, Überschütten oder Tauchen (s. *Glasier-Techniken*). Beim Überschütten und beim Tauchen ist ein Klebemittelzusatz zur Dekorfarbe oder zum Oxid notwendig (z.B. Zucker, Sirup oder etwa 2% Dextrin und 10–20% fetter Ton, wie z.B. Ball Clay), damit die Malerei beim Glasieren nicht weggewaschen wird. Oxidierende (sauerstoffreiche) oder reduzierende (sauerstoffarme) Brennverfahren bei 1200° C bis 1300° C geben die Möglichkeit zu vielfältigen Glasur- und Farbvariationen (s. *Abb. 164*).

Unterglasurgemaltes Steingut und Porzellan

Nicht nur die meisten Techniken der Porzellandekoration gehen auf die Chinesen zurück, sondern auch die Erfindung der Porzellanherstellung selbst. Kunsthistoriker ordnen das erste Porzellan der späten T'ang-Periode (von 618–906) zu. Viele Versuche wurden in Europa gemacht, diese hochgeschätzten Erzeugnisse nachzuahmen. Johann Friedrich Böttger gelang 1709 schließlich zusammen mit E. von Tschirnhaus die Neuerfindung der Porzellanherstellung in Meißen.

Etwa 50 Jahre später wurde das Steingut erfunden, das als preisgünstigerer Ersatz für Porzellan heute nicht mehr wegzudenken ist.

Steingut hat einen weißen, undurchsichtigen und porösen Scherben, der transparent glasiert wird. Man unterscheidet je nach der Massezusammensetzung und Brenntemperatur:

- Weichsteingut, wie z.B. Kalksteingut (Schrühbrand bei 950° C; Glattbrand bei 1050° C–1150° C)

Abb. 163 Shoji Hamada (Japan). Viereckige Schale. 1962. Aus einer Gipsform ausgeformt. Pinseldekor mit Eisenoxid unter der Glasur. Darüber blauweiße Glasur. Steinzeug. Breite 20 cm.

Abb. 164 Ingeborg Thiel (BRD). Schale. 1971. Schülerarbeit der Staatlichen Fachschule für Keramik, Höhr-Grenzhausen. Freigedreht aus hellem Steinzeugton. Nach dem Schrühbrand mit Braunstein und Pinsel bemalt. Darüber gelbe Steinzeugglasur gespritzt. H = 9,6 cm, Durchmesser 34 cm. Mittelrheinisches Landesmuseum, Mainz.

- Hartsteingut, wie z.B. Feldspatsteingut (Schrühbrand bei 1200° C–1250° C; Glattbrand bei 1000° C–1100° C
- Mischsteingut
  Einbrandverfahren bei 1150° C–1200° C)

Steingut wird in oxidierender Atmosphäre glattgebrannt.

Im Gegensatz zum Steingut ist bei Porzellan (italienisch „porcellana": „weiße Meermuschel") der weiße Scherben gesintert und lichtdurchlässig. Er ist mit transparenter Glasur versehen oder auch, wie bei Biskuitporzellan, unglasiert belassen. Porzellan ist härter als Stahl und unangreifbar durch Säure, außer durch Flußsäure. Man unterscheidet je nach Massezusammensetzung und Brenntemperatur verschiedene Porzellantypen, bei denen der Schrühbrand bei 920° C–960° C durchgeführt wird:

- Hartprozellan
  (Glattbrand bei 1370° C–1440° C)
- Weichporzellan
  (Glattbrand bei 1200° C–1250° C)
- Fritte- oder Knochenporzellan
  (Glattbrand bei 1100°C–1250°C)

Die gelblichweiße Porzellanfarbe entsteht durch ein oxidierendes, die bläulichweiße Farbe durch ein reduzierendes Brennverfahren.

Steingutmasse kann als Fertigmasse bezogen werden. Dadurch können auch kleinere Werkstätten mit diesem Material gießen, formen, Steingutplatten von 15 cm × 15 cm Größe benutzen und Unterglasurmalerei dabei anwenden (s. *Bezugsquellen*). Porzellanmasse kann als Gießmasse oder auch als gebrauchsfertig aufbereitete Masse zum Drehen und Formen bezogen werden, so daß Werkstätten vermehrt dieses Material auch in Verbindung mit der Unterglasurmalerei verwenden.

Unterglasurmalerei wird bei Steingut und Porzellan auf geschrühtem Scherben (s. *Pinsel-Technik*) aufgetragen, oder die Unterglasurfarben werden durch Spritzen, Schablonieren, Rändern, Stempeln usw. aufgetragen. Der Saugfähigkeit des geschrühten Scherbens muß bei der Einstellung der Unterglasurfarben Rechnung getragen werden, d.h. bei stark porösem Scherben muß die Farbe dünner und bei weniger saugendem Scherben dickflüssiger sein. Wenn der Pinsel beim Malen oder Rändern „klebt", d.h. sich am Scherben festsaugt, müssen die Gegenstände vor dem Malen mit einem feuchten Schwamm abgerieben werden.

Bei Steinzeug, Steingut und Porzellan legt man die hellen Farbtöne zuerst an und dann die dunkleren darüber, weil die Unterglasurfarben nicht deckend sind. Ein mehrmaliges verbesserndes Übermalen hat eine intensivere Farbigkeit zur Folge, ist aber nach dem Brand oft unangenehm sichtbar. Die Farbpalette für Steingut ist groß. Firmen für keramischen Bedarf (s. *Bezugsquellen*) liefern Farben, die man nach Brennhöhe und nach Nummern aussuchen und bestellen kann (s. *Abb. 165*).

Im Gegensatz zu Steingut wird Porzellan bei höheren Temperaturen, und meistens in reduzierender Atmosphäre gebrannt, wodurch die Farben auf Blau, Grün, Türkis, Gelb, Braun und Schwarz beschränkt sind. Im Gegensatz zur Steingutmalerei wirkt vor allem die Kobaltmalerei bei Porzellan wesentlich weicher. Entweder Zucker, Sirup, Glyzerin oder 2% Dextrin und 10–20% fetter Ton, wie z.B. Ball Clay, müssen den Steingut- oder Porzellanfarben für Unterglasurmalerei zugefügt werden, damit die Dekoration beim Glasieren durch Tauchen oder Übergießen nicht weggespült wird. Zuviel klebende Zusatzmittel verursachen allerdings leicht matte Farben oder bewirken das Abrollen der Glasur. Das Überspritzen unterglasurgemalter Stücke mit Glasur hat den Vorteil, daß die Dekoration beim Glasieren nicht leidet und sich Klebemittelzusätze zur Farbe erübrigen. Der Nachteil des Spritzverfahrens ist, daß etwas mehr Zeit als für das Tauchen oder Übergießen benötigt wird. Auch geht etwas mehr Glasur durch die Absaugvorrichtung verloren (s. *Abb. 166; 167*).

Heute gibt es auch „wasserfreundliche" Spezialmedien, die sich zum Auftrag von Unterglasurfarben eignen und von Spezialfabriken hergestellt werden (s. *Bezugsquellen*).

Unterglasurmalerei mit Metallsalzlösungen (Lösungsfarben)

Die Königliche Porzellanmanufaktur in Kopenhagen hat mit dieser Technik Berühmtheit erlangt. Zu der Dekortechnik werden Lösungsfarben, d.h. wasserlösliche Metallsalze wie z.B. Chloride, Sulfate usw. benutzt. Sie werden mit Wasser, Alkohol, Glyzerin bzw. Sirup angemischt, wobei das Mischungsverhältnis je nach der gewünschten Weichheit der Konturen zwischen 40%–80% schwankt.

Lösungsfarben können auch fertig aufbereitet in Flaschen bezogen werden (s. *Bezugsquellen*).

Die Farbskala ist aufgrund der hohen Glattbrandtemperatur begrenzt auf wenige Farbgruppen nebst ihren Nuancen wie Kobaltblau, Chromgrün, Blaugrün, Braun, Violett, Grau und das wegen seines Goldgehaltes teure Rosa bzw. gedämpfte Rot. Die Farben werden in dünnen, feinen Abstufungen mit dem Pinsel auf den geschrühten Hartporzellanscherben aufgetragen und die fertige Malerei häufig nochmals mit einer hauchdünnen Farbschicht überspritzt, was einer größeren Weichheit zugute kommt. „Lichter" lassen sich mit dem Messer aus der Farbschicht herauskratzen oder mit dem Pinsel herauswischen. Zum Schluß werden die Gegenstände mit transparenter Glasur versehen. Im Glattbrand bilden die Farben dann zusammen mit Bestandteilen der Porzellanmasse und Glasur die typischen Effekte der Lösungsfarben, die sich durch besondere Weichheit der Konturen auszeichnen und an Aquarelle erinnern (s. *Abb. 169–175*).

Auch andere Dekorationsarten wie z.B. Schablonieren, Stempeln usw. sind mit Lösungsfarben möglich.

Der Dekorarbeit sollten in jedem Falle systematische Versuche vorhergehen.

Farbstiftdekoration, kombiniert mit Pinselmalerei

Farbstifte für Unterglasurmalerei werden hauptsächlich auf dem weißen Steingut- und Porzellanscherben angewandt. Sie werden wie Griffel zum Zeichnen benutzt. Die Zeichnungen können anschießend transparent überglasiert werden.

Farbstiftzeichnungen lassen sich auch mit Pinsel-Unterglasurmalerei oder nach dem Glasurbrand mit Schmelzfarben- oder auch mit Lüstermalerei (s. *Bezugsquellen*) kombinieren, die allerdings einen dritten, niedrigen Brand erfordern (s. *Abb. 168*).

Abbildungen auf Seite 118:

Abb. 165 Jacqueline Lynd (GB/Schweden). Hartsteingutgeschirr der Firma Rörstrand (Schweden) 1976. Unterglasur gemalt. Design „Brigitta". Transparent glasiert.

Abb. 166 Bjørn Wiinblad (Dänemark). Vase der Porzellanfabrik Rosenthal, Selb. Unterglasurmalerei in Kobaltblau. Transparent glasiert.

Abb. 167 Marianne Westman (Schweden). Porzellangeschirr der Firma Rörstrand (Schweden), 1952. Unterglasur gemalt. Design „Mon Amie" in Kobaltblaumalerei. Transparent glasiert.

Abb. 168 Keith Campbell (Kanada). Porzellandose. 1981. Freigedreht. Lineares Muster mit blauem Farbstift auf den geschrühten Scherben gezeichnet. Transparent glasiert und oxidierend bei 1300°C glattgebrannt. Danach Ergänzung des Ornaments durch rote Lüstermalerei. Lüsterbrand bei 650°C. *Format 30 cm × 22 cm.*

165

166

167

168

Abb. 169 Holger Christiansen (Dänemark). Porzellanvase. 1939. Malerei mit Lösungsfarben. Ausgeführt an der Königlichen Porzellanmanufaktor, Kopenhagen. Aufpausen des Entwurfs auf den Schrühscherben mit Hilfe der Stechpause.

Abb. 170   Aufgepauster Entwurf

Abb. 171   Umrandung des Dekormotivs mit Zeichenpinsel und Lösungsfarben

Abb. 172   Ausmalen des Dekors mit Malpinsel und Lösungsfarbe

Abb. 173 Mit Hilfe des Aerographen leichtes Überspritzen der Malerei mit Lösungsfarbe

Abb. 174 „Lichter" werden mit dem Messer aus der Malerei geschabt.

Abb. 175 Nach der Fertigstellung der Malerei wurde die Vase transparent glasiert und im Reduktionsbrand bei 1440°C glattgebrannt. $H = 45$ cm.

Halbfayence

Mit Halbfayence wird hierzulande (in nicht ganz glücklicher Weise) eine schon seit dem 9. Jh. von islamischen Töpfern angewandte Unterglasurmalerei auf Irdenware bezeichnet, bei der ein mit heller Engobe überzogener, farbiger Scherben als Malgrund dient und transparent überglasiert wird. Angeregt von dieser orientalischen, an Fayence erinnernden Keramik wurde Max Laeuger (1864–1952) mit seinen Arbeiten besonders bekannt. Er benutzte eine rötliche, schamottierte Masse, die er mit heller Engobe überzog und entweder in rohem, d.h. ungebranntem, oder aber in geschrühtem Zustand bemalte. Dazu verwandte er in der Hauptsache Metalloxide, insbesondere Kobalt- und Kupferoxid für blaue und grüne bzw. türkisfarbene Nuancen (letztere in Verbindung mit alkalischen Glasuren entstehend), Mangandioxid (Braunstein) für ein Violettbraun und auch Antimonverbindungen für Gelb. Über die Pinselmalerei legte er nach dem Schrühbrand bei etwa 950° C entweder eine bleihaltige oder eine alkalische Transparentglasur (s. *Anhang*), deren starkes Krackelee in die Gestaltung einbezogen war. Der Glasurbrand (s. *Glasier-Techniken*) findet bei etwa 1050° C in oxidierender Atmosphäre statt (s. *Abb. 176*).

Inglasur- oder Fayencemalerei (Majolikamalerei)

Kunsthistoriker machen keinen Unterschied zwischen Fayence und Majolika, während heutige Technologen die farbig glasierte Irdenware der Majolika zurechnen. Die Maltechnik ist in beiden Fällen gleich.
Unter Fayence versteht man einen farbigen, porösen Scherben, der nach dem Schrühbrand bei etwa 950° C mit einer weißdeckenden Zinnglasur überzogen wird.
Historisch gesehen ist die Fayence-Technik eine orientalische Erfindung. Seit dem 9. Jh. wurde sie in Persien in bewundernswerter Weise angewandt und verbreitete sich von dort über Nordafrika nach Spanien und Europa. Trotz dieser vielhundertjährigen Tradition stecken immer wieder neue gestalterische Möglichkeiten in dieser alten keramischen Technik.
Zunächst gilt es, den Gegenstand richtig zu glasieren, sei es durch Tauchen, Übergießen oder Spritzen (s. *Glasier-Techniken*). Die Glasur sollte so gleichmäßig wie möglich aufgetragen und so wenig wie möglich angefaßt werden, um so besser läßt sich darauf malen.
Ein Glasurversatz ist im Anhang angegeben, falls der Leser die Glasur selbst ansetzen möchte. Gut bewährt hat sich die Degussa-Glasur Nr. 49065 mit einem sehr großen Brennintervall von mehr als 150° C, d.h. sie schmilzt bereits bei 950° C aus und ist noch schön bei mehr als 1100° C.
Schimmert der farbige, zumeist rote Scherben leicht durch die Glasurschicht hindurch (als Folge relativ dünnen Glasierens, was man durch Glasurproben in den Griff bekommt), entsteht ein weißgrauer Hintergrund, der die Farbigkeit der Malerei besonders zur Geltung kommen läßt.
Dekorfarben (zumeist als Majolikafarben im Handel geführt!) und Oxide kann man bereits in kleinen Mengen von 50 g nach Prospektlisten beziehen. Man hebt sie entsprechend beschriftet in Plastikdöschen auf. Aufgrund des niedrigen Glattbrandes bei 1050° C–1100° C steht eine große Auswahl an Farben zur Verfügung. Auch hier ist es notwendig, eine Farbpalette herzustellen. Die Farben werden (s. *Unterglasurmalerei bei Steingut, Steinzeug, Porzellan*) auf einer Glasplatte mit Wasser und ggf. mit einem Tropfen Glyzerin (um sie geschmeidiger zu machen) angemischt und die Körner mit dem Spachtel (s. *Abb. 184/a*) gut verrieben. Das Farbe-Wasser-Gemisch muß relativ dünnflüssig sein, da die Glasur, auf die gemalt wird, stark saugend ist. Die Glasplatte mit dem Wassertopf muß bequem rechts neben dem zu bemalenden oder zu rändernden Gegenstand liegen.
Der angefeuchtete Pinsel wird in der wäßrigen Farbe auf der Glasplatte gedreht, damit er seine ursprüngliche Form zeigt und wird dann mit der rechten Hand, die leicht durch die

Abb. 176 Max Laeuger (BRD). Relief „Mädchen mit Lyra". 1925. Halbfayence. Roter, schamottierter Scherben, leicht reliefiert. Weißer Engobeüberzug. Pinselmalerei mit Oxiden. Transparente Krackeleeglasur. H = 50,3 cm, B = 40 cm. Ausgeführt an und im Besitz der Staatlichen Majolika-Manufaktur Karlsruhe.

Abb. 177 Paul Drossé (BRD). Wandbild. Um 1936. Fayence. Aus zwei schamottierten Platten zusammengesetzt. Lebensbaummotiv mit Blumen und Vögeln in den rohen, pulvrigen Fayenceglasurüberzug mit dem Pinsel gemalt. Glattgebrannt bei 1050°C in oxidierender Atmosphäre. Format 80 cm × 55 cm.

linke gestützt wird, fast rechtwinklig auf dem glasierten Scherben aufgesetzt (s. *Abb. 150*) und (s. *Pinsel-Technik*) zunächst unter leichtem Druck breitgedrückt (s. *Abb. 151; 152*), um dann in eine Spitze ausgezogen zu werden. Nach wenigen Pinselstrichen muß der Pinsel wieder mit Farbe gefüllt werden, damit eine gleichmäßige Farblage erzielt wird.

Das Malen und Rändern in die pulvrige Glasur sollte langsam vor sich gehen. Bei zu schnellem Malen oder Rändern entstehen leicht Luftbläschen unter der Glasurschicht, die man zwar mit dem Finger flachdrücken kann, die aber nach dem Glasurbrand doch meist als glasurfreie, fehlerhafte Stellen in Erscheinung treten. Auch kann es passieren, daß man die Glasur unter dem Pinsel „wegzieht" und den Scherben damit freilegt.

Bei der Fayencemalerei werden wie bei Steingut- und Porzellanunterglasurmalerei die hellen Farben zuerst und dann die dunkleren aufgetragen, da die Fayencefarben (bzw. Majolikafarben) nicht deckend sind.

Fayencemalerei gehört durch das Malen in den rohen, noch pulvrigen Glasurüberzug zu den schwierigsten keramischen Dekortechniken. Ein nochmaliges verbesserndes Übermalen hat dunklere und intensivere Farben zur Folge. Bei einem Wegkratzen von Farbe, um einen Fehler zu verbessern, wird die Glasur beschädigt und der Scherben leicht freigelegt. Es ist daher wichtig, die Pinsel-Technik richtig zu beherrschen, so daß Verbesserungen von vorneherein nicht notwendig sind (s. *Abb. 177*).

Eine interessante Variante zur traditionellen Fayencemalerei hat Alan Caiger-Smith in England entwickelt. Er benutzt in der Hauptsache Schrift- und Flachpinsel (s. *Abb. 148/22, 23, 24*) und mischt seine hellen Dekorfarben (Majolikafarben) häufig mit Wachsemulsion. Wenn dieses Gemisch angetrocknet ist, rändert er über die helle Malerei mit dunkler Farbe. Er erreicht damit den ganz unüblichen Effekt, als stünde die helle Malerei auf dunklem Grund, während ja sonst der weiße Hintergrund für Fayencemalerei typisch ist (s. auch *Wachsausspar-Technik*).

Bei den zumeist reich bemalten Fayencen wird der Glasur- und Dekorbrand in einem durchgeführt. Gerne wird die Malerei vor dem Brand nochmals mit einer dünnen Glasurschicht, einer Coperta (Überfangglasur), überspritzt, weil dadurch die Dekoration beim Einsetzen in den Ofen gegen Verschmieren geschützt wird. Als Coperta kann die Fayenceglasur selbst benutzt werden. Sie muß in einer so dünnen Schicht über die Malerei gespritzt werden, daß die Dekoration noch gerade sichtbar ist. Die Malerei kommt auf diese Weise zwischen zwei Glasuren zu liegen, was einer besonderen Weichheit der Dekoration zugute kommt.

Die Glattbrände finden in oxidierender (sauerstoffreicher) Atmosphäre bei 1050° C bis etwa 1100° C statt. Einige Werkstätten wie diejenige von Alan Caiger-Smith brennen allerdings den Glasurbrand leicht reduzierend (in sauerstoffarmer Atmosphäre) im Holzfeuerofen, wodurch interessante Farbnuancen und auch Farbstreuungen entstehen.

Fehler bei der Herstellung von Fayence treten auf durch zu hohes Brennen. Dabei lösen sich Farben in der Glasur auf, oder die Glasur beginnt zu laufen. Auch bei zu dickem Glasurauftrag kann die Glasur im Brand laufen, wodurch die Malerei verzerrt wird. Auf fettigem oder staubigem Schrühscherben haftet die Glasur nicht, sondern rollt im Glattbrand ab, unglasierte Stellen hinterlassend. Zu fein gemahlene Glasur neigt ebenfalls zum Abrollen. Alte Chromnickel-Heizdrähte in elektrischen Muffelöfen verursachen oft bei zinngetrübten Glasuren rosa Verfärbungen.

Prinzipiell ist Inglasurmalerei auch in matte und farbige Rohglasuren möglich. Mit Oxiden oder Dekorfarben können Dekore oder auch Kompositionen aufgetragen und z.B. bei Steinzeugtemperaturen von 1200° C–1300° C glattgebrannt werden. Ein Beispiel dafür ist die Dose David Leachs (s. *Abb. 178*). Sie ist nach dem Schrühen mit einer weißen Steinzeugglasur glasiert, mit Oxiden bemalt und bei Steinzeugtemperatur glattgebrannt worden.

Abb. 178 David Leach (GB). Dose. 1981. Freigedreht aus leichtschamottierter, heller Masse. Nach dem Schrühen mit Dolomitglasur glasiert und mit Pinsel und Eisen-, Kobaltoxid und Mangandioxid bemalt. Reduzierend im Ölofen bei 1270° C glattgebrannt. H = 13 cm, Durchmesser 9 cm.

Lüsterfayence

Angeregt von islamischer und maurisch-spanischer Lüsterfayence übermalt Alan Caiger-Smith seine glattgebrannten Stücke oft nochmals mit Lüsterpräparaten. Sie machen einen dritten Brand bei 650° C–670° C in reduzierender Atmosphäre erforderlich. Die Gefäße kommen rußgeschwärzt aus seinem mit Holz gefeuerten Ofen und müssen mit Lappen blankgerieben werden, wonach dann unwiederholbare Farbeffekte mit metallischem oder auch irisierendem Schimmer sichtbar werden (s. *Lüsterdekoration*).

Die Arbeiten von Alan Caiger-Smith sind ein Beispiel dafür, daß ein schöpferischer Keramiker einer seit dem 9. Jh. in Persien, dem Vorderen Orient, Nordafrika und Spanien angewandten Technik noch immer unverwechselbare, individuelle Züge abzugewinnen vermag (s. *Abb. 179*).

Verspritzdekor

Eine Technik sei hier noch erwähnt, die zwar mit dem Pinsel ausgeführt wird, aber keine Pinsel-Technik im eigentlichen Sinne ist. Sie hat fast tachistischen Charakter. Ein Pinsel wird mit relativ dünnflüssiger Dekorfarbe bzw. wäßrig angemischtem Oxid gefüllt und mit der rechten Hand über dem linken Handrücken ausgeschlagen, oder die Borsten oder Haare werden mit dem Finger gebogen und losgelassen, so daß Farbspritzer auf diese Weise auf die rohe Glasurschicht oder den geschrühten Scherben verspritzt werden und ein spontanes, mehr oder weniger zufälliges Muster entsteht, dessen Effekt kaum wiederholbar ist.

Es lassen sich auch farbige Schattierungen oder Abtönungen auf Gegenständen hervorrufen, wenn man mit einem mit Dekorfarbe oder Oxid gefüllten, etwas härteren Pinsel über ein Drahtsieb reibt, wodurch die Farbe in Spritzern und Sprenkeln auf der Glasur verteilt wird. Diese Technik läßt sich in Verbindung mit verschiedenen Glasurtypen wie z.B. einer Fayenceglasur oder glänzenden und matten Steinzeugglasuren anwenden. Falls man aber von einem nicht glasierten Scherben ausgehen möchte, wird das „Verspritz-Muster" transparent oder halbopak überglasiert (s. *Abb. 180*).

Glasurmalerei

Auf einen Schrühscherben oder rohglasierten Scherben kann man mit dem Pinsel oder dem Malhörnchen verschiedenfarbige, mit Wasser aufbereitete Glasuren zu linearen oder flächigen Mustern oder Kompositionen neben oder übereinander auftragen.

In vorhergehenden Proben muß festgestellt werden, ob sich die Glasuren vertragen und welche Farbnuancen durch das Über- oder Nebeneinanderlegen entstehen. Diese Proben sind entsprechend auf der Rückseite (z.B. mit Braunstein) zu beschriften, damit die Resultate wiederholt werden können. Nach dem Glattbrand ist ein Übermalen mit relativ dickflüssigen Glasuren und ein nochmaliges Brennen möglich, wenn sich dadurch Verbesserungen erreichen lassen (s. *Abb. 181*).

Abb. 179   Alan Caiger-Smith (GB). Eckige Schale. Lüsterfayence. 1981. Mit rotem Ton aus der Gipsform ausgeformt. Nach dem Schrühbrand mit weißdeckender Zinnglasur glasiert. In die Glasur Ornament mit Wachsemulsion und Pinsel gemalt. Anschließend überrändert mit Kobaltoxid und einem Gemisch von Kupfer- und Kobaltoxid. Einige in die Malerei geritzte Sgraffito-Linien. Leicht reduzierend glattgebrannt im holzgefeuerten Ofen bei 1050°C. Im Anschluß daran teilweise Übermalung mit Lüsterpräparat. Lüsterbrand bei 650°C. Format 31 cm × 31 cm.

Abb. 180   Edouard Chappallaz (Schweiz). Quadratische Schale. 1974. Steinzeugton. Mattgrau glasiert. Darauf schwarzbraun verspritztes Oxid. Der Rand ist glänzend braun, blau und ockerfarben glasiert. H = 5,3 cm, B = 38 cm × 38 cm. Sammlung Dr. Paul Köster, Mönchengladbach.

Abb. 181 Hildegard Storr-Britz und James Storr (BRD/GB). Bildplatte. 1978. Glasurmalerei. Teilweise mit dem Pinsel, teilweise mit dem Malhörnchen aufgetragene Glasuren. Reduzierend bei 1250°C im Gasofen glattgebrannt. *H = 26,5 cm, B = 40 cm.*

Blatt-Temmuko

Diese Dekorart ist seit der Sung-Periode als Chi-Chou-Ware bekannt (s. *Abb. 182*). Noch heute wird die in Japan Konoha-Temmuko genannte Technik ausgeübt.

Nach der Beschreibung des japanischen Keramikers Hiroaki Morino wird ein heller Steinzeugscherben mit Temmuko-Glasur, d.h. einer durch 8%–10% Eisenoxid-Zusatz dunkelbraun gefärbten Glasur, überzogen. Sodann werden natürliche Blätter, die stark kieselsäurehaltig und womöglich in sich selbst kräftig und dick sein müssen, getrocknet und skelettiert. Sie werden also auf einer festen, flachen Unterlage so lange mit einer Naturhaar-Bürste (z.B. Roßhaar) beklopft, bis das Blattgerippe endgültig freigelegt ist. Es ist natürlich eine Arbeit, die Geduld erfordert.

Nach Hiroaki Morino eignen sich die Blätter des Zelkova serrata oder des Aphenanteaspera-Baumes, die zur Familie der Ulmaceae gehören und für die es keine deutsche Bezeichnung gibt, besonders gut zur Herstellung des Blatt-Temmuko-Effektes. Auch die japanische Eiche Kashi, die Linde Bodaiji oder die Pflanze Mokkoku werden für diese Technik empfohlen.

Das natürliche Gerippe der Blätter wird im Glattbrand auf der dunkelbraunen Glasur mitgebrannt, wodurch die darunterliegende Glasur gelb bis hellbraun gefärbt wird. Nach dem Brand zeigen sich in feinen Details Blattform und Blattrippen, wie ausgespart, hell auf dunklem Grund.

Abb. 182 Blatt-Temmuko (Japan). Schale. Sung-Periode. Aus grauweißem Ton freigedreht. Glasiert mit matter, dunkelbrauner Glasur. Auf die noch ungebrannte Glasur wurde ein natürliches, stark kieselsäurehaltiges, skelettiertes Blatt gelegt. Im Glattbrand wurde die Blattform und die Blattrippen gelb auf den dunklen Hintergrund übertragen. *H = 5 cm, Durchmesser 15 cm.*

Aufglasur- oder Schmelzfarbenmalerei

Diese Technik kann auf jeder glattgebrannten Glasur angewandt werden. Durch einen anschließenden niedrigen, zumeist dritten Brand wird die Aufglasurmalerei eingebrannt. Hier sei die Schmelzfarbenmalerei anhand der Porzellan-Aufglasurmalerei erläutert (s. *Unterglasurmalerei bei Steinzeug, Steingut, Porzellan*).
Der Arbeitsplatz muß bequem sein. Es ist praktisch, einen Tisch mit Schubladen zum Aufbewahren der Arbeitsutensilien zu haben. Ein Bankett, d.h. eine Armstütze von etwa 80 cm Länge und 25 cm Breite und einem auf dem Boden stehenden Fuß am freien Ende, sollte in rechtem Winkel am Tisch angebracht sein (s. *Abb. 194*).
Zweckmäßig ist auch ein in der Höhe verstellbarer Drehstuhl. Direkte Sonneneinstrahlung auf das weiße Porzellan ist zu vermeiden, da die Reflektion blendet und den Augen schadet. Der Arbeitsplatz muß sehr sauber und staubfrei gehalten werden, weil sich Staubkörner in die angemischte Farbe und auf die frische Malerei setzen und nach dem Brand als dunkle Punkte (manchmal mit hellem Hof) unangenehm auffallen können. Das Entfernen von Flusen und Staubkörnern von der Malerei mit Hilfe einer Kratznadel ist zeitraubend und nicht immer erfolgreich.
Die meisten Pinsel für Schmelzfarbenmalerei sind aus feinem Feh-, einige aus Marder- oder Iltishaaren hergestellt und in Gänse- oder Kunststoffkiele gefaßt. Die Kiele müssen in warmem Wasser eingeweicht und dadurch geschmeidig gemacht werden, bevor man die Holzstiele anpaßt und einsteckt (s. *Bezugsquellen*).
Wir unterscheiden bei den Pinseln sogenannte Blumenanleger (s. *Abb. 183/17, 18, 19, 20, 21*), Staffierer und Zeichenpinsel (s. *Abb. 183/15, 16*), Stupfer (s. *Abb. 183/11, 12*) und schräggebundene Ränderer (s. *Abb. 183/14*).

Pinsel müssen gut gepflegt und richtig behandelt werden. Sie danken es durch leichteres Arbeiten, gute Resultate und eine lange Lebensdauer. Sie werden je nach Form in der angemischten und verdünnten Farbe auf der Glasplatte rund gedreht (s. *Abb. 183/15, 16, 17, 18, 19, 20, 21*) oder, wie z.B. Schrägränderer und Bänderer (s. *Abb. 183/13, 14*) der Form entsprechend flach ausgestrichen.
Es ist ratsam, je einen Pinsel für die jeweilige Farbgruppe wie z.B. Rot, Grün, Blau, Gelb, Braun und Schwarz zu reservieren.
Nach Gebrauch werden die Pinsel sorgfältig zuerst in Terpentinöl (in einem dazu bereitstehenden Gefäß) und dann in Brennspiritus ausgewaschen und so aufbewahrt, daß sie ihre Form behalten und die Haare nicht gekrümmt werden. Man stellt sie daher aufrecht umgekehrt in einen Behälter (s. *Abb. 149*) oder legt sie in einen genügend großen, staubfreien Kasten, der mit einem mit Nelkenöl getränkten Lappen ausgelegt ist, wodurch sie geschmeidig bleiben und stets einsatzbereit sind. Sollten die Pinsel einmal durch Farbe verklebt sein, weicht man sie in Brennspiritus ein, bis sie ausgewaschen werden können.
Aufglasurfarben, die aus Blei-Borflüssen mit eingeschmolzenen Farbkörpern bzw. Oxiden bestehen, werden von Spezialfirmen hergestellt und sind in Pulverform schon ab 20 g Portionen erhältlich (s. *Bezugsquellen*). Aufgrund der niedrigen Einbrenntemperatur von etwa 720° C–850° C stehen sehr viele Farbnuancen zur Verfügung. Man kann sie nach Prospekten und Nummern bestellen. Die in Papier- oder Kunststoffpäckchen gelieferten Farben füllt man zweckmäßig in kleine Plastikbehälter (z.B. Gewürzdöschen) um und beschriftet sie mit den Nummern und Namen der Herstellerfirma. Die Behälter sollten breit genug in der Öffnung sein, so daß man mit einem Spachtel hineinlangen und die Farbe her-

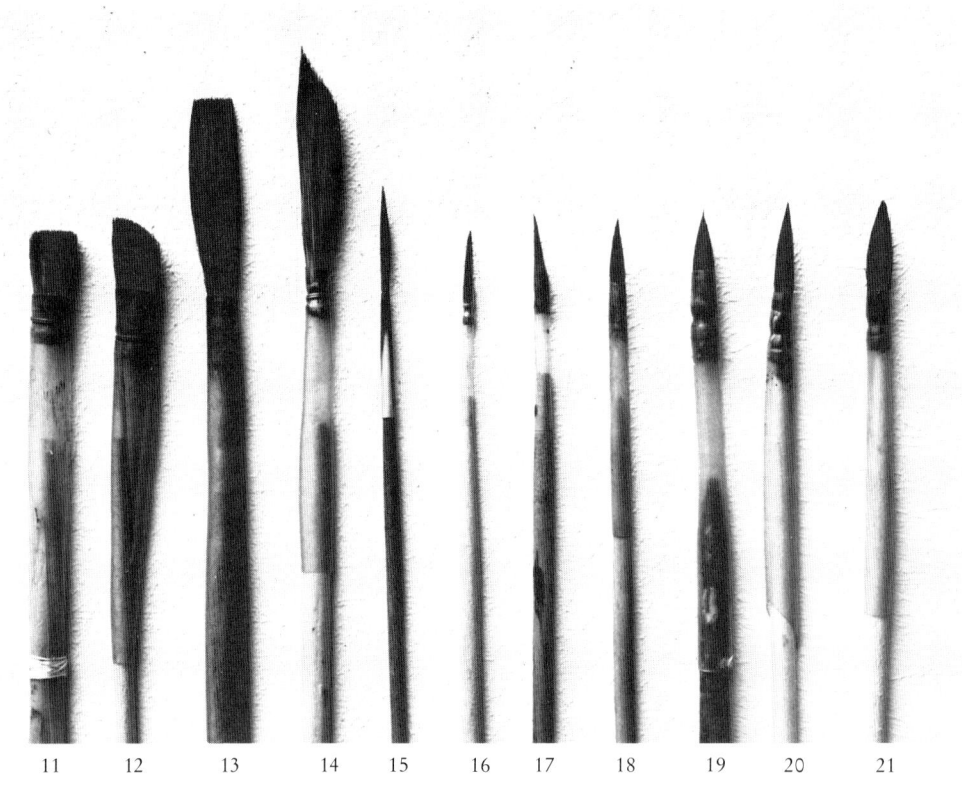

Abb. 183 Pinsel für *Schmelzfarbenmalerei*, in natürlicher Größe wiedergegeben.

ausholen kann (s. *Abb. 184 b, c*). Für Anfänger genügen etwa 15–20 verschiedene Farben (Tubenfarben sind nicht zu empfehlen, da sie leicht eintrocknen und dann unbrauchbar sind).

Wegen der glatten Glasuroberfläche des Weißporzellans, auf das die Schmelzfarben aufgetragen werden, sind Haftvermittler nötig. Sie brennen bei 350° C–400° C weg. Solche Haftvermittler sind: Dicköl (eingedicktes Terpentinöl) oder Kopaiva-Balsam, doppelt rektifiziertes Terpentinöl, Nelken-, Lavendel-, Anis-, Fenchelöl, Nitrobenzol (Sorte Mirbanöl) und dergleichen (s. *Bezugsquellen*). Es ist praktisch, diese Öle (außer dem zähflüssigen Dicköl) in Glasflaschen mit Pipettenverschluß, wie sie in Apotheken erhältlich sind, aufzubewahren. Ab 100 ccm kann man die Öle bereits beziehen. Jede Flasche muß beschriftet sein, vor allem darf auf der Nitrobenzolflasche ein Etikett mit dem Vermerk „Gift" nicht fehlen!

Zum Arbeiten werden Dicköl und Terpentinöl in kleinen Glas- oder Porzellanbehältern mit Deckel (etwa im Durchmesser eines Eierbechers) neben der Glasplatte mit der angemischten Farbe bereitgehalten (Kunststoffbehälter können ggf. von den Ölen angegriffen werden).

Die ätherischen Öle wie z.B. Nelken-, Lavendel- und Anisöl haben lange Trockenzeiten, wodurch sie über einen längeren Zeitraum feucht bleiben und verarbeitet werden können. Statt dessen verdunstet Terpentinöl schnell, so daß die damit angemischte Farbe während des Malens von Zeit zu Zeit aufs neue verdünnt und nochmals gespachtelt werden muß. Nitropenzol trocknet schnell und eignet sich gut zum Zeichnen, Umranden von Malereien, Rändern und Schrift.

Auf einer aufgerauhten Glasplatte von 15 cm × 15 cm, wie sie im Handel erhältlich ist, können bis zu vier Schmelzfarben mit einem elastischen (nicht zu nachgiebigen, aber auch nicht zu steifen) Metall- oder Kunststoffspachtel (s. *Abb. 184 b, c*) angespachtelt werden.

Eine Messerspitze voll Farbe wird mit einem Tropfen Dicköl, den man mit einem Pinselstiel dem Dickölnäpfchen entnimmt und neben (und nicht in!) die Farbe auf die Glasplatte bringt, mit dem Spachtel nach und nach unter das Farbpulver gespachtelt, wodurch die Farbe nicht „fett", sondern nur mit Dicköl gesättigt werden sollte. (Das Mischungsverhältnis ist etwa 1 Teil Dicköl und 4 Teile Farbe.) Ein mit der Pipette neben die Farbe getupfter Tropfen Verdünnungsöl wird dann je nach Bedarf zum Verdünnen unter die Farbe gespachtelt.

Alle Farbkörner müssen sorgfältig gespachtelt sein, die Farbe muß geschmeidig sein. Dieser Arbeitsgang variiert von Farbe zu Farbe; Blau und Violett sind z.B. spröder als andere Farben und müssen daher länger gespachtelt werden. Bei sehr körnigen Farben ist ggf. ein zusätzliches Reiben mit einem Glasreiber (Glasläufer) angebracht (s. *Zeichnung S. 134*). Will man mit vielen verschiedenen Farben malen, so ist eine Lochpalette aus Porzellan mit je 18 oder 21 Vertiefungen praktisch, in welche die angeriebenen Farben mit dem Spachtel eingefüllt und nach Beendigung der Arbeit mit einem Deckel abgedeckt werden können (s. *Bezugsquellen*).

Je nach Malziel benutzt man nach dem Sättigen des Farbpulvers mit Dicköl folgende Verdünnungsmittel:

- Terpentinöl für Blumenmalerei und kleine Malflächen
- Terpentinöl mit Nelken- oder Lavendelöl für größere Flächen und zu stupfende Fonds
- Nitrobenzol, Terpentinöl, Petroleum oder z.B. Aceton für Staffage, Ränder und Federzeichnungen.

Das farbige Ausmalen von Gezeichnetem oder von pinselgemalter Umrandung wird mit Terpentinöl verdünnter, aber relativ „trockener" Farbe vorgenommen, damit die Zeichnung nicht aufgelöst wird.

Das erste, was man in Aufglasurmalerei herstellen sollte, ist eine Farbpalette. Dazu benutzt man einen Porzellanteller mit Fahne (Rand), den man zuerst wie alle zu bemalenden Gegenstände mit einem in Brennspiritus getränkten Lappen oder Küchenpapier reinigt. Dann werden die angeriebenen Farben mit einem Blumenanleger (s. *Abb. 183/19*) auf einen Tellerrand aufgetragen, und zwar so, daß mit der dicken, d.h. dunklen Farblage begonnen wird, die dann immer dünner ausgestrichen wird. Den oberen und unteren Rand der so schattierten Farbe wischt man mit einem Lappen gerade, um einen exakten Abschluß zu erhalten. Jede Farbe muß mit der Bestellnummer gekennzeichnet werden. Außerdem wird die Herstellerfirma und die Brenntemperatur auf der Farbpalette vermerkt (s. *Abb. 185*).

Durch die Herstellung einer solchen Palette übt man nicht nur das Anreiben, den Auftrag und das Schattieren der Schmelzfarben, sondern man lernt auch ihre unterschiedlichen Eigenschaften kennen.

Man erfährt durch eine Farbpalette auch, wie sich die Farbnuancen im Brand verändern, welche Farben bei zu dickem Auftrag abplatzen und welche bei zu dünner Farblage matt werden. Vergleiche der Farben vor und nach dem Brennen lassen sich direkt anstellen, wenn man zwei Teller mit den gleichen Proben malt und nur einen brennt.

Das Mischen von Farben ist nicht ohne weiteres möglich, sondern nur dann, wenn die chemischen Voraussetzungen dazu gegeben sind. Vorsicht ist vor allem geboten bei kadmium- und eisenhaltigen Präparaten, d.h. bei Gelb- und Rottönen. Andernfalls kann man unangenehme Überraschungen erleben, z.B. daß Mischungen ganz wegbrennen oder schmutzige Mißtöne zurückbleiben. Auch hier sollten Proben durch über Kreuz aufgetragene Farben (s. *Abb. 162*) hergestellt werden, an denen sich die Reaktion der Farben untereinander ablesen lassen, es sei denn, die Lieferfirma hat die Möglichkeit des Mischens ausdrücklich vermerkt.

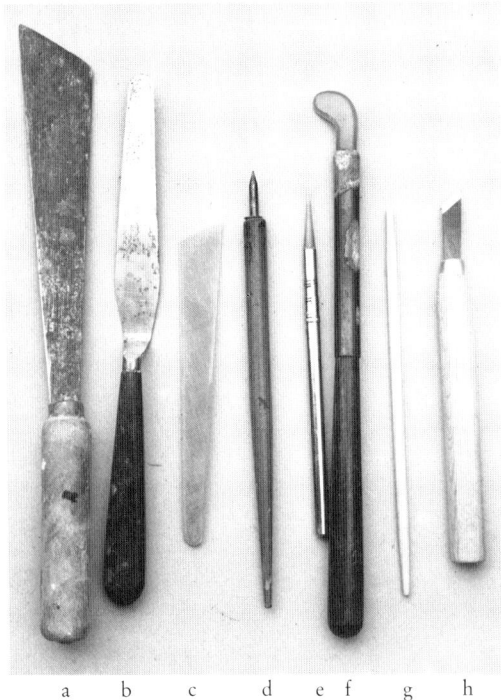

Abb. 184 Werkzeuge für Schmelzfarbenmalerei.
a und *b* Metallspachtel, *c* Kunststoffspachtel, *d* Zeichenfeder, *e* und *f* Achatstifte zum Polieren von Golddekor, *g* Pinselstiel, *h* Kratzmesser.

Glasreiber (Glasläufer)

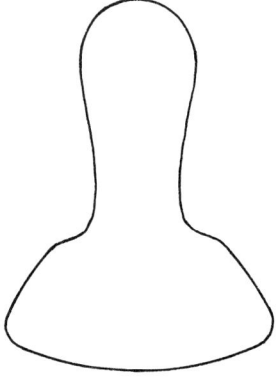

Schmelzfarben lassen sich natürlich auch in Pulverform mischen. Sie müssen dazu aber auf einer kleinen Glasurwaage (Balkenwaage) abgewogen werden, damit die Mischungsverhältnisse und ihre Resultate wiederholt werden können.

Schmelzfarben sind z.T. bleihaltig, d.h. giftig! Gebrauchsgegenstände sollten nicht bemalt werden, wo Schmelzfarben mit Lebensmitteln (wie z.B. in einer Salatschüssel) oder mit dem Mund (wie z.B. am Tassenrand) in Berührung kommen können.

Blumenmalerei

Bei der Blumenmalerei wird die Pinsel-Technik (s. *Pinsel-Technik*) mit Porzellanpinseln ausgeführt (s. *Abb. 183/17, 18, 19, 20, 21*).
Im Unterschied zur Fayencemalerei wird immer auf den Maler zu gemalt, d.h., daß die zu bemalenden Gegenstände in die entsprechende Richtung gedreht werden müssen. Die linke Hand hält beim Malen den Gegenstand, während der rechte Arm auf dem Bankett liegt (s. *oben Abb. 186*). Nur das rechte Handgelenk und die Hand, die den Pinsel führt, sind frei beweglich (s. *Abb. 186*).
Der Pinsel wird zunächst in Terpentinöl getaucht und mit einem flusenfreien Lappen ausgedrückt. Dann wird er mit der angeriebenen Schmelzfarbe gefüllt, indem er in der verdünnten Farbe auf der Glasplatte gedreht wird. Anschließend setzt man ihn fast rechtwinklig auf dem Porzellan auf und drückt ihn unter leichtem Druck breit, um ihn dann in einen dünnen Strich auszuziehen.
Bei der Blumenmalerei wird von mittleren Farbtönen ausgegangen, danach werden die hellen Farbnuancen aufgetragen und anschließend die dunklen Akzente gesetzt (s. *Abb. 187*). Die Pinselstriche müssen mit klaren Konturen stehen bleiben. „Fransen" sie aus oder verlaufen sie, ist zuviel Dicköl und Terpentinöl in dem Farbgemisch. Bei zu wenig Dicköl ist der Pinselstrich streifig, oder er reißt ab (s. *Abb. 188*).
Ein Übermalen der Farben ist möglich, solange die Farbe noch feucht ist. Bei komplizierten Arbeiten ist es von Vorteil, wenn man zwischen die einzelnen Malstufen einen Zwischenbrand einschiebt und dann auf einer gemalten oder gestupften, aber vorgebrannten Schicht weiterarbeiten kann. Eine solche Untermalung ist manchmal bei Tieren, Figuren,

Abb. 185 Schmelzfarbenpalette

Landschaften und Portraits erforderlich (s. Abb. 189). Malt man auf vorgebrannten, glänzenden Farbgrund, reduziert sich die Einbrenntemperatur auf etwa 680° C, bei mattem und bei seidenmatten Malgrund auf etwa 730° C–750° C.

Wenn die angemischte Farbe an den folgenden Tagen noch weiter verwendet werden soll, ist es ratsam, sie in einem staubfreien Behälter aufzuheben oder sie zumindest entsprechend abzudecken. Vor dem Malen mit solchen Farben müssen sie erneut durchgespachtelt und wieder mit dem jeweiligen Verdünnungsöl verdünnt werden.

Soll eine mißlungene Malerei entfernt, die Glasplatte oder der Spachtel gesäubert werden, wischt man sie zunächst mit einfachem Papier ab, um sie dann mit Brennspiritus getränktem Küchenpapier ganz zu säubern.

Stupfen von Flächen und Fonds

Um eine Fläche oder einen Fond (aus dem Französischen „Malgrund") anzulegen, wird die Farbe mit Dicköl gesättigt und mit einem Tropfen Nelken- oder Lavendelöl verdünnt. Mit einem breiten Flachpinsel (s. Abb. 183/13 und Abb. 148/24) wird die Farbe auf das Porzellan aufgestrichen und dann (bei großen Flächen) mit einem Stupfballen oder (bei kleineren Flächen) mit einem Stupfpinsel (s. Abb. 183/11, 12) so lange betupft, bis eine gleichmäßige oder schattierte Farblage erreicht ist (s. Abb. 190). Der Stupfpinsel wird beim Stupfen senkrecht gehalten, bei dem Schrägstupfer natürlich in entsprechender Schrägstellung. Den Stupfballen stellt man sich selbst her, indem man einen Wattebausch oder etwas Schafwolle in einen feinen Stoff, z.B. Batist einbindet. Über einem Streichholz sengt man etwaige Flusen des Stoffes ab.

Solange die gestupfte Farbe noch feucht ist, kann man an dem Fond weiterarbeiten. Läßt man das Gestupfte über Nacht trocknen, dann können die Ränder schon am nächsten Morgen mit einem Kratz- oder Federmesser (s. Abb. 184/h) gesäubert oder auch Muster herausgekratzt werden. Auch mit etwas Dicköl am Pinsel läßt sich ein Muster aus dem Fond wischen. Nach Einbrennen des Gestupften kann die gestupfte Fläche nochmals überstupft bzw. mit dunkleren Dekorfarben wie z.B. Schwarz auf Rot oder mit Edelmetallpräparaten übermalt werden.

Abb. 186 Bing und Grøndahl, Kopenhagen, Dänemark. Blumenmalerei mit Schmelzfarben.

Abb. 187 Max Pöhlmann (BRD). Mokka-Geschirr der Porzellanfabrik Arzberg. 1963. Pinseldekor in hellen und dunkelgrauen Schmelzfarben. Schülerarbeit der Staatlichen Fachschule für Keramik, Höhr-Grenzhausen. *Mittelrheinisches Landesmuseum, Mainz.*

Spritzen von Flächen

Flächen können auch durch Spritzen auf den glattgebrannten Porzellanscherben aufgebracht werden. Bei dem älteren Verfahren werden hierzu Aufglasurfarben mit Wasser und Brennspiritus angemischt. Dann wird der Scherben mit feiner Düse wiederholt überspritzt, bis die gewünschte Farblage erreicht ist. Zwischen den Spritzvorgängen muß die Farbe auf dem Gefäß antrocknen, damit sich keine Tropfen bilden. Dickere Farbkörner lassen sich mit dem Luftschlauch des Spritzapparates fortblasen.
Eine andere Methode ist, die Spritzfarbe mit Dicköl oder Balsam anzumischen, mit Terpentinöl zu verdünnen und dann mit feiner Düse aufzuspritzen.
Heute gibt es außerdem Spritzlacke im Handel (s. *Bezugsquellen*). 20 g Spritzlack werden mit etwa 100 g Farbe gemischt und mit Terpentinöl verdünnt. Diese Farben lassen sich gut spritzen und sind nach dem Antrocknen griffest.
Stellen, die weiß bleiben sollen, werden vor dem Spritzen mit Abdecklack, Latex o.ä. abgedeckt und, nachdem die Farbe angetrocknet ist, wieder abgezogen (s. *Bezugsquellen*).

Zeichnen, Schrift- und Ecaillemalerei

Für Federzeichnungen wird das Farbpulver zunächst mit Nitrobenzol aufgespachtelt und erst dann mit wenig Dicköl geschmeidig gemacht. Will man das giftige Nitrobenzol nicht benutzen, kann man zum Zeichnen auch ein Gemisch aus einer kleinen Messerspitze voll Farbe mit $1/2$ Tropfen Dicköl und 4–5 Tropfen Terpentinöl und ggf. einem Tropfen Nelkenöl benutzen. Auch mit Aceton läßt sich zeichnen, da es schnell trocknend ist und mit Terpentinöl gemischt werden kann. Farbe, die mit Zucker und Glyzerin angerieben wird, eignet sich ebenfalls zum Zeichnen und läßt sich gut übermalen.
Mit der Hohlseite einer kleinen Zeichenfeder (s. *Abb. 184/d*) wird die Zeichenfarbe aufgeschaufelt, mit der sich dann feine Zeichenstriche und Konturen ausführen lassen. Das Ausmalen des Gezeichneten erfolgt mit Dicköl-gesättigter und Terpentinöl-verdünnter, aber relativ trockener Farbe. Als Arbeitserleichterung kann man aber auch die Zeichnung oder die Umrandung bei Blumenmalereien nach einem Zwischenbrand ausführen (s. *Abb. 191; 192; 193*).
Bei breiter Schrift zeichnet man die äußeren Konturen mit der Feder und füllt die Zwischenfelder mit Schmelzfarbe bzw. Edelmetallpräparaten aus. Schrift läßt sich natürlich auch mit entsprechend geformten Pinseln schreiben.
Auch Ecaillemalereien werden mit der Zeichenfeder ausgeführt. Die Zeichnung auf S. 136 zeigt ein im 18. und 19. Jahrhundert beliebtes Fischschuppenmuster.

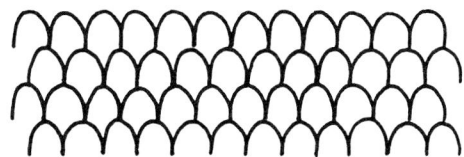

Ecaillemalerei: Schuppenmuster

Einteilung einer Vase

Staffage

Für Staffagemalerei (aus dem Französischen „schmückendes Beiwerk") wird die Farbe wie für Federzeichnungen angemischt, aber in Pinselstrichen mit einem Staffierer (s. *Abb. 183/15, 16*) ausgeführt (s. *Abb. 187*).

Rändern, Bändern, Linieren

Beim Rändern, Bändern oder Linieren steht der zu rändernde, zentrierte und ggf. mit einem Gewichtstein beschwerte Gegenstand auf einer Tisch- oder Standränderscheibe. Der

Abb. 188 Staatliche Porzellanmanufaktur, Berlin. Historisches Blumenmuster. Der Rand wurde durch Staffage betont.

Abb. 189 Staatliche Porzellanmanufaktur Berlin. Historisches Vogelmotiv (Ausschnitt).

Abb. 190 Stupfen eines Fonds mit dem Stupfballen

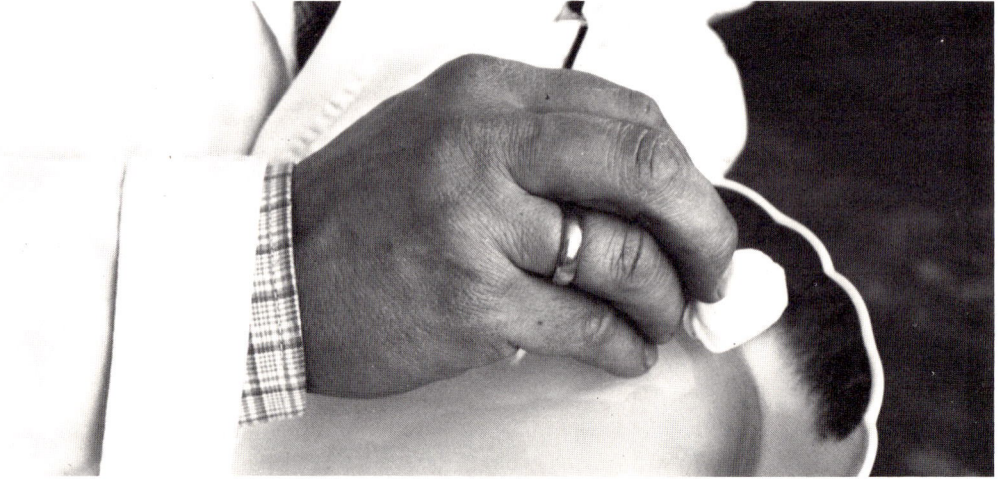

Abb. 191 Maria Kroß, Roswitha Geisler, Christel Möller und Renate Klein (BRD). Federgezeichnete Dekore (außer der 2. Vase von links mit Dekor aus Pinseltupfen). 1959–1963. Links Vasen der Staatlichen Porzellanmanufaktur Fürstenberg, rechts Vase der Porzellanfabrik Arzberg. Schülerarbeiten der Staatlichen Fachschule für Keramik, Höhr-Grenzhausen. Vasen links 17 cm hoch, Vase rechts 10 cm hoch. Mittelrheinisches Landesmuseum, Mainz.

Abb. 192 Barbara Seeßlen (BRD). Kinderbecher. 1969. Federzeichnung kombiniert mit Schmelzfarbenmalerei. Schülerarbeiten der Staatlichen Fachschule für Keramik, Höhr-Grenzhausen. Ausgeführt von Porzellanfabrik Arzberg. Mittelrheinisches Landesmuseum, Mainz.

139

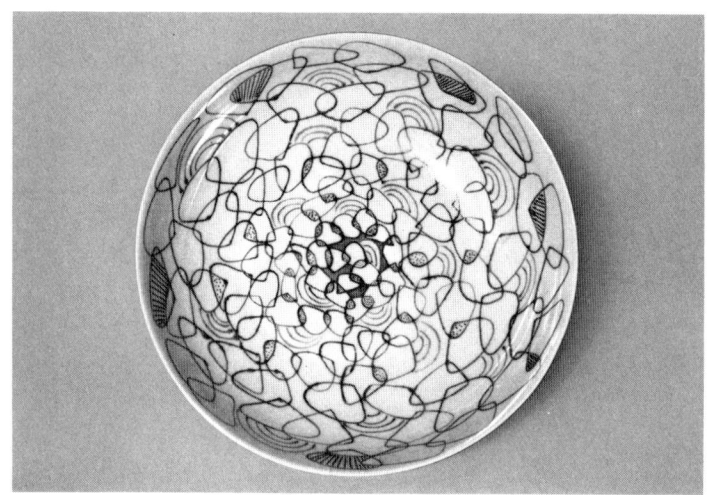

Abb. 193 Eva Wurm (BRD). Porzellanschale. 1956. Federgezeichnetes Ornament. Schülerarbeit der Staatlichen Fachschule für Keramik, Höhr-Grenzhausen. H = 5,5 cm, Durchmesser 23 cm. Mittelrheinisches Landesmuseum, Mainz.

Abb. 194 Bing und Grøndahl, Kopenhagen (Dänemark). Rändern von Porzellangeschirr. Der rechte Arm liegt auf dem Bankett mit keilförmiger Armstütze.

Abb. 195 Hiroaki Morino (Japan).   Handgebaute Vase. 1979. Mattschwarze Glasur. Reduzierend bei 1260°C glattgebrannt. Danach Auftrag des Ornamentes mit Poliersilber und Pinsel. Edelmetallbrand bei 740°C. H = 24,5 cm, L = 55 cm, T = 24 cm.

Abb. 196 Polieren von Poliergoldrändern mit der Glasbürste

schräggebundene Porzellanränderer (s. *Abb. 183/14*) wird mit der, wie für das Zeichnen aufbereiteten Farbe gefüllt, seiner Form entsprechend auf der Glasplatte flach ausgestrichen und mit der Schrägseite an den zu rändernden Gegenstand gelegt. Der rechte Unterarm muß beim Rändern ruhiggestellt werden und auf dem Bankett aufliegen und mit der freibeweglichen Hand den Pinsel halten, während die linke Hand die Ränderscheibe langsam vom Körper weg dreht (s. *Abb. 194*). Dadurch wird am Gegenstand entlang eine Linie gezogen, deren Anfang und Ende übergangslos ineinander fließen müssen. Ein Vorrändern mit weichem Bleistift (oder einem All Stabilo-Stift) kann dabei eine Hilfe sein. Bei breiten Bändern wird dem ,,Nitrobenzol-Dicköl-Gemisch" ein Tropfen Nelkenöl hinzugefügt. Bei sehr breiten Rändern und Bändern rändert man zunächst zwei Außenlinien, deren dazwischenliegender Raum mit Hilfe eines Bänderers (s. *Abb. 183/13*) ausgefüllt wird. Es ist dabei besonders auf eine gleichmäßige Farblage zu achten. Auch müssen beim Rändern Unebenheiten der Gefäßform aufgefangen und ausgeglichen werden.

Camaieu- und Grisaillemalerei

Eine monochrome Ton in Ton-Malerei wie z.B. von dunkelroten bis weißrosa Tönen wird Camaieumalerei genannt und kann sehr reizvoll sein.
Unter Grisaillemalerei versteht man eine Malerei in grauen Abstufungen von schwarzen Tönen bis zu weißen Lichtern. Mit etwas Dicköl oder Terpentinöl am Pinsel lassen sich feinste Abstufungen herausarbeiten und mit einer Kratznadel (s. *Abb. 184/h*) oder einem Wattestäbchen ,,Lichter" herausholen.
Eine Faustregel für Porzellanaufglasurmalerei ist, daß der Scherben noch immer leicht durch die Malerei schimmern sollte, und daß die Farbe nach dem Brand einen gleichmäßigen Glanz besitzen muß.
Viele Fehler entstehen durch falschen Farbauftrag. Liegen die Farben zu dick, können sie abplatzen und sogar Teilchen des Porzellans mit absprengen; liegen die Farben zu dünn, verlieren sie den Glanz und die Farbintensität. Zu viel Öl in der Farbmischung verursacht Aufkochen und Abplatzen der Farbe. Zu wenig Öl hat einen streifigen Auftrag zur Folge. Auch durch das Brennen können Fehler entstehen. Wird Purpur z.B. zu hoch gebrannt, wird es blaustichig, fad und grau. Bei zu niedrigem Brand dagegen wird Purpur bräunlich oder ,,blutig". Auf die Wirkung von Staubkörnern wurde bereits hingewiesen.

Scharffeuermalerei

Eine Malerei, die der Porzellanunterglasurmalerei ähnlich sieht und sehr widerstandsfähig im täglichen Gebrauch ist, ist die Scharffeuermalerei. Auch hier stehen nur wenige Farben wie Kobaltblau, Grün, Braun, Gelb oder Schwarz zur Verfügung. Im Gegensatz zur Unterglasurmalerei werden sie aber mit Dicköl und Terpentinöl angerieben, auf die glattgebrannte Glasur aufgetragen und anschließend im Glattbrand bei 1250° C–1380° C gebrannt. Die Farben sinken bei der hohen Temperatur in die Glasur ein. Das Kobaltblau erhält dabei sehr weiche Konturen. Diese Weichheit muß beim Dekorentwurf eingeplant werden, weil die Dekoration nach dem Brand größer erscheint.
Die Industrie hat ein Schnellbrandverfahren zum Einbrennen der Scharffeuerdekoration entwickelt, bei dem innerhalb von 1–3 Stunden Temperaturen von 1300° C erreicht werden können. Dieses Verfahren setzt allerdings eine Spezialmasse, Spezialglasur und besondere Einsinkfarben voraus.

Kombination von Unter- und Aufglasurmalerei

Eine interessante Variante der Porzellandekoration ist die Kombination von Unterglasurmalerei und Aufglasurmalerei. Nach dem Glattbrand wird z.B. ein Kobaltornament mit roter Schmelzfarben- oder Edelmetallmalerei ergänzt, was natürlich einen dritten, niedrigen Schmelzfarbenbrand erforderlich macht.

Edelmetalldekoration

Edelmetallpräparate können auf jeden glattgebrannten, glatten Scherben aufgetragen werden, sowohl auf Porzellan, Steinzeug (s. *Abb. 195*), Steingut, Fayence oder auch Raku.

Edelmetalldekoration mit flüssigen und pulverförmigen Präparaten

Es gibt flüssige Edelmetallpräparate, die als Fertigpräparate in kleinen Fläschchen schon von 2 g an im Fachhandel erhältlich sind (s. *Bezugsquellen*). Sie können, wenn das Metallpräparat in der Flasche gut, d.h. etwa 15–20 Minuten lang geschüttelt wird, direkt

Abb. 197 Bjørn Wiinblad (Dänemark). Porzellanvasen und Dose mit Goldlüsterdekor. 1980. Eine aufgebrannte Glanzgoldschicht wurde nach Antrocknen eines darübergelegten Grundlüsters nochmals mit Marmorierungslüster überzogen und durch andersfarbige Lüsterflächen ergänzt. Nach dem Lüsterbrand bei 790° C wurde die Federzeichnung mit Schmelzfarbe bzw. Gold aufgetragen und nochmals bei 790° C eingebrannt. Große Vase ist 18 cm hoch. Ausführung durch Porzellanfabrik Rosenthal, Selb.

aus den Fläschchen benutzt werden. Allerdings ist gelegentlich ein Zusatz an Verdünnungsöl, das der Auftragstechnik entsprechen muß, erforderlich.
Edelmetallpräparate können mit dem Pinsel, der Zeichenfeder, im Spritz-, Stempel- und Puderverfahren aufgetragen werden. Es gehören zu den Edelmetallpräparaten:

- Glanzgold, Glanzpalladium, Glanzplatin
  Wie der Name schon sagt, kommen sie hochglänzend aus dem Brand, der etwa bei 730° C–835° C zusammen mit den Schmelzfarbenmalereien durchgeführt werden kann.
- Poliergold, Poliersilber, Polierpalladium und Polierplatin

Sie werden in gleicher Weise wie Glanzpräparate aufgetragen und gebrannt, müssen aber nach dem Brand mit feinem Seesand (Quarzsand), der mit Wasser zu einem dicken Brei verrührt wird, mit Hilfe eines Tuches unter leichtem Druck abgerieben oder mit einer Glasbürste (s. *Bezugsquellen*) poliert werden (s. *Abb. 196*), da sie matt aus dem Ofen kommen. Das Polieren mit der Glasbürste geschieht am besten über einer Schüssel, in der sich die von der Bürste lösenden und leicht stechenden Glasfasern sammeln können. Falls Glasfasern auf Porzellan mitgebrannt werden, brennen sie fest und können das Stück verderben. Alle Silberpräparate oxidieren nach einer gewissen Zeit und werden schwarz, so daß sie immer wieder nachpoliert werden müssen.
Poliergold hat nach dem Polieren einen sehr feinen, matten und edlen Glanz. Mattes Gold kann an ein und demselben Gegenstand teilweise auf Hochglanz poliert, teilweise mattglänzend gelassen werden, wodurch sich feine, matt und glänzend abwechselnde Ornamente herausarbeiten lassen. Man benutzt zum Polieren in diesem Falle Achatstifte, die es in verschiedenen Formen im Handel gibt (s. *Bezugsquellen*).

- Pulverförmige Edelmetallpräparate
  Dazu gehören:
- Malergold und
- Pudergold, Pudersilber, Puderpalladium.

Sie brauchen einen Haftvermittler, damit sie auf der glatten Oberfläche des Weißporzellans aufgetragen werden und haften können. Sie werden in gleicher Weise wie Aufglasurfarben mit Dicköl gesättigt und je nach Vorhaben verdünnt, entweder mit einem Spezialverdünnungsöl oder zum Rändern und Zeichnen mit Nitrobenzol; für kleine Flächen mit Terpentinöl; für größere Flächenfonds mit Nelkenöl.
Da die Präparate sehr teuer sind, werden die Gold- bzw. Platinpinsel nach Gebrauch nicht ausgewaschen, sondern z.B. in einem Reagenzglas aufgehoben. Man steckt den Pinselstiel in einen Kork, mit dem das Glas luftdicht verschlossen wird (s. *Abb. 198*). Der Pinsel behält dadurch nicht nur eine Form, sondern bleibt über lange Zeit feucht und einsatzbereit. Auch die kleine Glasplatte von etwa 15 cm × 15 cm, auf der pulverförmige Edelme-

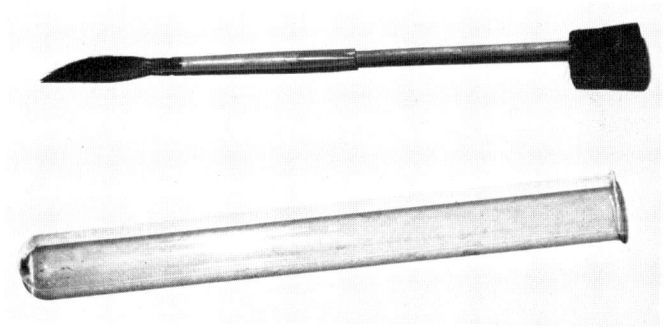

Abb. 198 Aufbewahren eines Pinsels für Goldmalerei. In einen Kork gesteckter Pinsel, mit dem das Reagenzglas luftdicht verschlossen und der Pinsel feucht- und staubfrei gehalten werden kann.

tallpräparate angespachtelt und angerieben werden, hebt man in einem Blechkasten mit gut schließendem Deckel auf, so daß sie nicht eintrocknen können, stets gebrauchsbereit sind und nicht abgewaschen werden müssen.

Vor dem Brand sind Edelmetallpräparate braun bis dunkelbraun, wodurch sie sich von dunklem Grund wie z.B. Kobaltblau beim Malen schlecht abheben. Es gibt daher Präparate, die besonders zu diesem Zweck dunkler eingefärbt sind.

Edelmetallpräparate dürfen nicht zu dick liegen, weil sie sonst im Brand abplatzen; liegen sie zu dünn, können sie keinen metallischen Glanz entwickeln, und die Haftfähigkeit leidet, allerdings können sie nochmals übermalt und gebrannt werden. Es ist übrigens möglich, Glanz- und Poliergold zu mischen.

Werden Gold-, Platin- oder Silberpräparate auf einen glänzenden Schmelzfarbengrund aufgetragen, kann die Aufschmelztemperatur auf etwa 680° C (wegen der bereits in der Farbe vorhandenen Flußmittel) gesenkt werden. Werden Edelmetallpräparate auf matten oder seidigmatten Farbgrund gelegt, so wird die Einbrenntemperatur auf 730° C–750° C reduziert.

Nach dem Brand sind die Goldnuancen unterschiedlich. So gibt es gelbes Zitronengold, grünes, rotes und Weißgold, je nach den chemischen Zusätzen an Platin, Silber, Kupfer usw. Zitronengold enthält 1,5%–5% Silber, Weißgold dagegen 20% Platin. Auch ist der Goldanteil sehr unterschiedlich. Z.B. enthält Glanzgold 6%–20% Gold, weshalb es sich sehr viel leichter im Gebrauch abnutzt und abgreift als etwa Poliergold. Letzteres hat bis zu 30% Goldgehalt und liegt 3–6mal dicker als Glanzgold. Daher ist es auch viel widerstandsfähiger im Gebrauch.

Malergold und Pudergold kommen, da sie bis zu 90% aus Gold bestehen, nur an sehr teuren Gegenständen zur Anwendung. Pudergold ist mit 2%–4% Paraffinöl, Leinöl oder Vaseline versetzt, damit es nicht staubt, wenn damit gearbeitet wird. Benötigt wird für Pudergold allerdings eine Grundierung, auf der das aufgepuderte Gold haften kann (s. *Bezugquellen*). Ist die Grundierung angetrocknet, so kann das nicht haftende Gold mit weichem Pinsel abgebürstet und wieder verwandt werden. Diese Technik eignet sich auch zum Anlegen größerer Goldflächen.

Abb. 199 Josef Thomas (BRD). Porzellanschale mit Ätzdekor. 1981. Staatliche Fachschule für Porzellan, Selb. Die geätzten Vertiefungen des Ornamentes sind mit blaugrünen, grünen und purpurfarbenen Schmelzfarben ausgelegt und die erhabenen Stege mit Poliergold bemalt. *H = 9 cm, Durchmesser 15 cm.*

Goldrelief

Eine dicke, mit dem Pinsel aufzutragende Grundierung ist für die Reliefgold-Technik erforderlich. Diese Grundierung muß gebrannt sein, bevor das Gold mit dem Pinsel aufgemalt wird.

Gold läßt sich, wenn es mit Königswasser (Salpeter und Salzsäure) betupft wird, vom Porzellan entfernen. Etwas mühsamer ist die Entfernung von Goldflecken mit einem Goldradiergummi (s. *Bezugsquellen*).

Gold bzw. Platin werden häufig mit Schmelzfarben- und auch Unterglasurdekoration kombiniert, was zusätzliche Brände nötig macht.

Lüsterdekoration

Glattbrandlüster Lüster ist ein dünner, metallisch schimmernder oder auch irisierender Überzug auf keramischen Gegenständen, der auf zwei verschiedene Arten hervorgerufen werden kann. Einerseits entsteht der Lüstereffekt durch leichte Oberflächenreduktion. Hierzu werden einer farblosen oder farbigen Glasur (s. *Glasurversätze und Engoben aus der Praxis* Nr. 7) 1%–6% Metallsalze wie Silber-, Kupfer-, Uran-, Mangan-, Eisen-, Wismut-, Molybdän- oder Vanadinverbindungen einzeln oder in Kombination hinzugefügt (z.B. auf 1 kg Glasur 10 g–20 g Silberchlorid plus evtl. 25 g Wismutnitrat). Zinndioxid und Titanoxid begünstigen ebenfalls die Bildung des Lüstereffekts (s. hierzu Werner Lehnhäuser „Glasuren und ihre Farben").

Die Metallsalze werden mit den Glasurrohstoffen und Wasser gemischt bzw. vermahlen und nach dem Sieben auf die keramischen Gegenstände aufgetragen (s. *Glasier-Techniken*). Es ist dabei darauf zu achten, daß die Glasuren gut aufgerührt und die wasserlöslichen Metallsalze gleichmäßig in der Glasur verteilt sind. Aus diesem Grund darf auch kein Wasser von der Glasur abgezogen werden.

Im Glattbrand wird dann während der Abkühlperiode zwischen 900° C–600° C im Abstand von einigen Minuten mehrmals reduzierend gebrannt oder durch Einführung von Teer, Öl oder z.B. Naphthalin in den Ofen (z.B. durch das Schaurohr) eine sauerstoffarme, rauchige Atmosphäre erzeugt. Nach dem Brand werden die Keramiken, die zum Teil rußgeschwärzt aus dem Ofen kommen, mit Lappen blank gerieben, bis die irisierenden, metallisch schimmernden Farben zum Vorschein kommen.

Schmelzbrandlüster Eine andere Methode, Lüstereffekte zu erzielen, ist fertig aufbereitete, flüssige Lüsterpräparate zu verwenden, wie sie von Spezialfabriken in vielen Farben hergestellt und in kleinen Flaschen geliefert werden (s. *Bezugsquellen*).

Das Gelingen dieser Lüsterdekoration hängt von der absoluten Sauberkeit des Arbeitsplatzes, des Handwerkszeuges und der zu dekorierenden Keramiken ab. Die glattgebrannten Gegenstände müssen vor dem Lüsterauftrag mit Brennspiritus abgerieben werden, damit hinterher keine Fingerabdrücke zu sehen sind.

Lüsterpräparate können durch Pinselmalerei, Rändern, Spritzen (z.B. mit dem Aerographen) oder auch durch Stempel etc. aufgetragen werden.

Die weichen Haarpinsel müssen vor Gebrauch mit Nitrobenzol ausgewaschen und in einem sauberen Lappen ausgedrückt werden. Die Präparate können dann aus der Flasche heraus benutzt werden. Man reserviert die Pinsel am besten ausschließlich für die Lüsterdekoration.

Pinselstriche sind häufig noch nach dem Brand erkennbar, weshalb der Auftrag sorgfältig erfolgen muß.

Es gibt auch Lüster mit Marmorierungs- und Krackelee-Effekt. In diesen beiden Fällen wird auf einen Grundlüster, nachdem er angetrocknet ist, nochmals ein Marmorierungs- oder Krackeleelüster aufgetragen. Der Krakkeleelüster wird in noch feuchtem Zustand in einen auf 150° C vorgewärmten Ofen, der Marmorierungslüster dagegen in trockenem Zustand eingesetzt. Je nach der Dicke des Auftrages entstehen große oder kleine Krakkelees und große oder kleine Marmorierungseffekte. Zu dick aufgetragene Lüsterpräparate platzen ab.

Lüster werden verdünnt mit Spezialverdünnungsölen, wie sie die Herstellerfirmen liefern.

Auf glänzendem Grund werden Lüster glänzend, auf matter Glasur dagegen matt. Lüster sind durchsichtig, d.h. die Farbe des Untergrundes ist in die beabsichtigte Wirkung mit einzubeziehen. Man macht sich dies auch bei Goldlüster, bzw. Platinlüster, zunutze. Auf eine bei etwa 790° C aufgebrannte Glanzgoldschicht, bzw. eine Poliergold- oder Glanzplatinschicht, wird Lüster mit dem Pinsel oder durch Spritzen aufgetragen und nach Antrocknen des Grundlüsters nochmals mit Marmorierungslüster überzogen. Diese Lüsterüberzüge werden bei etwa 790° C in oxidierendem Brand zusammen mit Schmelzfarbendekorationen eingebrannt.

Goldlüster kann mit anderen Lüsterfarben und mit Zeichnungen in Gold (s. *Abb. 197*) kombiniert werden, wodurch eine prunkvolle Wirkung entsteht. Die Zeichnung muß in einem zusätzlichen Brand eingebrannt werden.

Auch Unterglasurmalerei, Farbstiftdekore (s. *Abb. 168*) oder Schmelzfarbenmalerei können durch Lüstermalerei ergänzt werden. Lüsterfayence wurde bereits beschrieben. In Krakelees von Krackeleeglasuren kann man Lüsterpräparate einreiben und dadurch sichtbarer machen.

Noch feuchte Lüsterüberzüge überspritzen manche Keramiker mit Hilfe eines Aerographen nochmals mit Paraffin, wodurch ebenfalls interessante Effekte entstehen.

In all diesen Fällen müssen Proben und Versuche der eigentlichen Dekorarbeit vorausgehen.

Da Lüster nur wie ein dünner Film die keramischen Stücke überzieht, ist er nicht auf Gegenständen des täglichen Gebrauchs strapazierbar. Andererseits sind die damit zu erzielenden Wirkungen interessant und erfreuen sich immer größerer Beliebtheit bei experimentierfreudigen Keramikern.

Die Einbrenntemperaturen für Lüsterpräparate liegen bei Porzellan bei etwa 790° C, bei Steinzeug bei etwa 750° C und bei Steingut bei etwa 650° C. Der Brand muß langsam und bei guter Durchlüftung des Ofens durchgeführt werden. Die mit Schmelzfarben oder Edelmetallpräparaten bemalten Stücke werden über Nacht an der Luft, d.h. nicht in besonders vorgewärmtem Ofen getrocknet, bevor sie in den elektrischen Ofen eingesetzt werden. Dabei dürfen sie nicht die Ofenspiralen berühren.

Die Gefäße lassen sich übereinanderstapeln, solange die Malerei nicht angetastet wird. Andernfalls baut man Etagen mit Brennhilfsmittel, die der Fachhandel in handlichen Größen anbietet.

Aufglasurmalerei mit Schmelzfarben kann mit Edelmetall-Dekorationen zusammen, wie bereits erwähnt, bei etwa 730° C–835° C gebrannt werden, obwohl in größeren Betrieben nicht nur die „Metallbrände", sondern auch z.B. Purpurmalereien in Sonderbränden separat durchgeführt werden. Die elektrische Muffel sollte jedenfalls nur für Schmelzfarbenbrände und nicht auch für Glasurbrände benutzt werden.

Eine gute Belüftung des Ofens während des Brandes ist wichtig, d.h. die Schieber sollten bis etwa 450° C offen bleiben. Es muß langsam gebrannt werden. Wird zu schnell aufgeheizt, können sich die Farben zusammenziehen oder abrollen. Bei zu niedrigem Brand werden die Farben stumpf und glanzlos. Bei zu hohen Brenntemperaturen oder zu langer Brenndauer werden die Farben leicht blaß und verlieren den gewünschten Farbton. Am Ende des Brandes sollte die Temperatur etwa 10 Minuten lang gehalten werden.

Unangenehm ist der sogenannte „Ofenbelag", ein feiner Quarzstaub, der sich auf die Malerei setzt und und sie rauh und sandig macht. Man kann diesen Belag vermeiden, wenn man die Gefäße, wie z.B. Schalen, umstülpt und auf dem Rand brennt. Wird der Ofen aber nur für Schmelzfarbenmalerei reserviert und sauber gehalten, dürfte es keinen Ofenbelag geben.

Ätzkantendekor

Glattgebranntes Porzellan wird mit Wachs überzogen, indem man den Gegenstand entweder ganz in ein Wachsbad taucht oder die zu ätzenden Teile mit Wachs abdeckt. Ist der Wachsüberzug erkaltet, wird das Ornament bis auf den Porzellanscherben herausgekratzt oder geschabt. Anschließend wird der ganze Gegenstand oder die mit Wachs überzogenen Teile einem Flußsäurebad ausgesetzt, wobei die Säure die nicht mit Wachs abgedeckten Stellen angreift und durch Ätzen vertieft. In großen Manufakturen stehen Bleikammern zur Verfügung, in denen Flußsäuredämpfe auf die Gegenstände einwirken. Ist die Ätzung tief genug, was man durch Abtasten mit einem Pinselstiel (s. *Abb. 184g*) feststellen kann, wird das Porzellan mit einer Zange aus dem Flußsäurebad bzw. der Bleikammer geholt und unter fließendem Wasser gut abgespült. Mit Terpentinöl läßt sich der Wachsüberzug entfernen.

Statt der Wachsabdeckung kann man auch mit flüssigem Asphalt Ornamente aufmalen, die Restfläche mit Asphalt abdecken und nach dem Trocknen, wie beschrieben, ätzen (s. *Bezugsquellen*).

Das geätzte Ornament liegt vertieft in dem Scherben. Es wird mit einem Edelmetallpräparat ausgelegt oder überrändert und nochmals niedrig bei etwa 750° C–800° C gebrannt. Auf den geätzten Stellen sind die Edelmetalle nach dem Brand matt, während sie auf der glatten Glasur glänzen. So entsteht nicht nur ein reliefiertes Ornament, sondern auch eine Wechselwirkung von matten und glänzenden Flächen (s. *Abb. 199*). Größte Vorsicht ist im Umgang mit der Flußsäure geboten, die Löcher in Kleider und Haut frißt. Man muß mit Gummihandschuhen, Schutzkleidung, Schutzbrille und Zange in der Nähe von fließendem Wasser arbeiten, um die Säure sofort abwaschen und so verdünnen zu können, daß sie nicht mehr schaden kann!

Ätzkantenimitation

In der Industrie findet eine Ätzkantenimitation Anwendung. Eine im Handel erhältliche Mattunterlage (s. *Bezugsquellen*), d.h. eine Grundierung mit einer matten Dekorfarbe, die man mit dem Pinsel aufträgt, wird bei etwa 800° C eingebrannt. Glanzgold wird dann auf diese Mattunterlage gemalt oder gerändert, wodurch das Gold nach dem Brand auf den matten Stellen matt ist und auf dem glänzenden Porzellan glänzt. Auch hier entsteht eine Wechselwirkung zwischen matten und glänzenden Dekorelementen, wenn auch nicht mit der gleichen edlen Wirkung der geätzten Dekorkante.

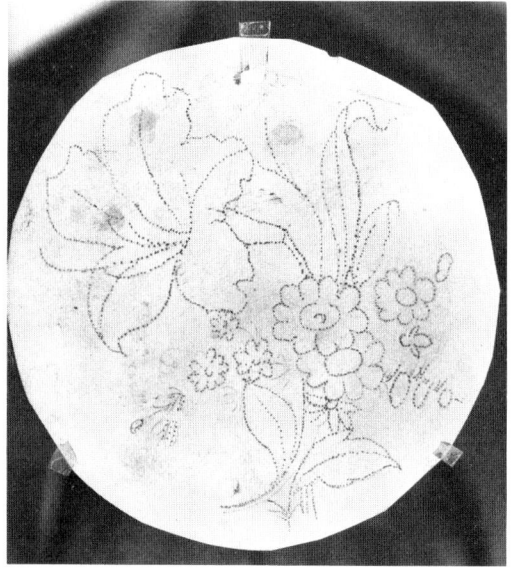

Abb. 200 Stechpause. Eine Entwurfszeichnung wurde den Konturen entlang durchlöchert.

Abb. 201 Übertragung eines Entwurfs. Die gepunktete Kontur des Dekors entsteht auf dem keramischen Gegenstand, wenn die Stechpause mit einem Graphitwischer (oben links) überwischt wird. (Rechts oben Kopierrädchen zum Durchlöchern großformatiger Entwürfe und Bimsstein zum Abreiben der Stechpausen-Rückseite).

Übertragen von Entwürfen auf keramische Gegenstände

Normalerweise wird ein Dekorentwurf mit einem weichen Bleistift, dessen Striche im Brand wegbrennen, freihändig auf einen geschrühten, roh glasierten, engobierten oder ungebrannten Scherben skizziert. Bei Gefäßen, die mit heller Glasur glasiert und dann bemalt werden sollen, kann man mit einem Kopierstift, dessen Strich ebenfalls im Brand wegbrennt, auf den geschrühten Scherben zeichnen. Diese Zeichnung schlägt blau durch die Glasur durch, so daß sie beim Dekorieren eine Hilfe ist.

Oft genügt es, die Rückseite des Papierentwurfes mit einem weichen Bleistift zu tönen und die Konturen, wenn die Entwurfszeichnung auf dem keramischen Gegenstand liegt und mit einem Klebestreifen befestigt ist, nachzuziehen, wodurch der Entwurf übertragen wird.

Ein glattgebrannter Porzellanscherben muß vorher allerdings leicht mit Terpentinöl abgerieben und getrocknet werden, damit sich der Entwurf auf diese Weise durchdrücken läßt.

Es gibt auch ein Kohlepapier (s. *Bezugsquellen*), das speziell zum Übertragen von Entwürfen entwickelt wurde. Bei glasierten und engobierten, noch nicht gebrannten Überzügen drücken sich die Konturen eines Entwurfs, wenn man sie mit leichtem Druck nachzieht, in die Glasur- bzw. Engobeschicht ein. Sie müssen auf der Glasur oder Engobe meist nochmals leicht mit einem weichen Bleistift nachgezeichnet werden, um sichtbarer zu sein.

Bei komplizierten Mustern und solchen, die öfters wiederholt werden sollen, fertigt man eine Stechpause an. Hierzu wird der Entwurf mit dem Bleistift auf transparentes Papier übertragen. Man legt das transparente Papier anschließend auf eine Filzunterlage und durchsticht die Zeichnung den Konturen entlang mit einer Graviernadel oder feinen Nähnadel, die mit Hilfe einer Zange (bis auf etwa 6 mm) in einen Pinselstiel gesteckt wurde.

Auf der Rückseite wird das durchlöcherte Papier kreisförmig mit einem flachgeschliffenen Bimsstein oder sehr feinem Sandpapier abgerieben (s. *Abb. 201*, rechts oben), wodurch sich die Löcher besser öffnen. Die so hergestellte Stechpause (s. *Abb. 200*) wird z.B. auf dem leicht mit Terpentinöl abgeriebenen Porzellangegenstand mit etwas Plastellin oder Klebestreifen befestigt und mit einem Graphitwischer oder einem mit Papierasche gefüllten Stoffbeutel (s. *Abb. 201*, links oben) überwischt. Die Graphitkörnchen oder der Aschestaub fallen durch die Löcher der Stechpause, so daß das Muster punktiert auf dem Scherben erscheint (s. *Abb. 201*). Mit einem weichen Bleistift zeichnet man nun nach und wischt die Graphitkörnchen oder den Aschestaub (die zwar wegbrennen würden) mit einem Lappen ab. Diese würden sich wie Staubkörnchen in die Schmelzfarbenmalerei setzen und die Malerei beeinträchtigen.

Eine Stechpause kann natürlich auch zum Übertragen eines Entwurfs auf roh glasierte oder engobierte Stücke benutzt werden. Für die gekrümmte Oberfläche eines Kruges z.B. muß die Papierpause seitlich eingeschnitten und dem Gefäß angepaßt werden. Mit Klebestreifen hält man eine derartige Stechpause in der gewünschten Form zusammen. Für sehr große Entwürfe, etwa eine Wandgestaltung, wird die Entwurfszeichnung mit einem Kopierrädchen (Nähwerkzeug) durchlöchert.

Glasier-Techniken

Glasur kann als gemahlenes Glas verstanden werden, das einem keramischen Gegenstand im Brand aufgeschmolzen wird. Sinn des Glasurüberzuges ist es, den Scherben wasserundurchlässig, schmutzabstoßend und womöglich edler zu machen.

Es gibt Glasuren sehr unterschiedlicher Art: transparente, undurchsichtige, glatte, rauhe, glänzende, seiden- oder steinmatte, weiße oder starkfarbige, solche mit zurückhaltendem oder andere mit Effektcharakter.

Glasur und Scherben müssen nicht nur aufeinander abgestimmt sein, damit sie eine Einheit eingehen können, sie müssen auch dem Herstellungsverfahren, der Brenntechnik und -temperatur Rechnung tragen. Hier über die Glasurentwicklung zu sprechen, würde den Rahmen dieses Buches sprengen.

Glasuren können in pulvriger Form von Spezialfabriken bezogen, oder nach einem Glasurversatz aus entsprechenden Rohstoffen zusammengesetzt werden (s. *Glasurversätze und Engoben aus der Praxis*).

Gegenstände, die glasiert werden sollen, können geschrüht oder roh, d.h. ungebrannt sein. Allerdings verlangt eine roh zu glasierende Ware eine besondere Masse und einen dickeren Scherben (s. *Bezugsquellen*).

In handwerklichen Betrieben wird meistens mit vorgebrannten, d.h. geschrühten Stücken gearbeitet. Sie müssen trocken und saugfähig sein. Weder nasse noch zu hoch geschrühte Gegenstände nehmen Glasur an, während zu niedrig geschrühte Ware nicht fest genug zum Glasieren ist.

Aufbereiten der Glasur

Zu den Vorbereitungsarbeiten gehört, daß die Gegenstände mit einem Staubpinsel (s. *Abb. 202*) abgestaubt und auf Fehler untersucht werden. Kleine Löcher oder Absprengungen schmirgelt man mit Glaspapier oder einem Korund-Schleifstein über (s. *Bezugsquellen*), bis die schadhaften Stellen ausgeglichen sind. Durch den Klangtest, d.h. das leichte Anklopfen der Stücke, überzeugt man sich, ob keine Risse in dem Gefäß sind: Ein gesprungener Scherben gibt einen schebbernden Ton

Abb. 202 Handwerkszeuge zum Glasieren. Glasursieb in der Mitte. Links daneben Staubpinsel zum Abstauben der Schrühware. Unten Glasierzange. Rechts Bürste zum Durchsieben der Glasur und Trichter zum Einfüllen von Glasur in Gefäße mit enger Öffnung.

ab. Die zu glasierenden Stücke dürfen nicht mit fettigen Fingern angefaßt werden und sollten auch nicht mit Radiergummi, etwa beim Skizzieren eines Entwurfs, abgerieben werden, da diese Stellen keine Glasur mehr annehmen.

Das Glasurpulver wird mit Wasser zu einem Brei verrührt. Man geht davon aus, daß 1 Liter Glasurbrei (je nach Auftragstechnik) 1,3 kg–1,7 kg wiegt. Zum Verrühren ist ein elektrischer Quirl (s. *Abb. 203*) eine große Hilfe. Er spart viel Zeit und Kraft.

Es gibt im Fachhandel zum Aufbereiten von Glasuren auch Topfmühlen (Topfroller) verschiedener Größe. Je nach Glasurtyp beträgt die Mahlzeit in diesen Mühlen eine bis vier Stunden. Eine kleine Werkstatt kommt aber ohne eine derartige Glasurmühle aus, wenn man den Glasurbrei zweimal siebt. Ein Glasursieb mit Siebgewebe aus Bronze (s. *Abb. 202*) hat einen etwa 15 cm hohen Plastikrahmen und einen Durchmesser von 20–25 cm (s. *Bezugsquellen*). Technologen rechnen im allgemeinen mit 1600 Maschen pro cm² für Transparentglasuren, 1200 Maschen pro cm² für Fayenceglasuren, 900 Maschen pro cm² für Mattglasuren. Letzteres Sieb ist das gebräuchlichste für kleinere Werkstätten. Man kann es sowohl für Glasuren als auch Engoben benutzen.

Zum Sieben wird das Sieb auf zwei über einer Schüssel liegende Latten gestellt. Mit einer Bürste (s. *Abb. 204*) wird der Glasurbrei durch das Sieb gerührt, wodurch gröbere Rohstoffteilchen zurückbleiben und die Glasur dann homogen und gebrauchsfertig ist.

Zur Einstellung der Glasur kann man ein Aräometer benutzen (s. *Bezugsquellen*). Es ist dies eine Senkspindel, auf deren Skala sich die Einsinktiefe beim Schwimmen in der Glasur ablesen läßt. So läßt sich die gleiche Glasurkonsistenz wiederholen und auch einstellen. Ein Töpfer weiß sehr bald aus Erfahrung, wie dick oder dünn eine Glasur sein muß. Vor allem können vergleichende Glasurproben mit z.B. dickem oder dünnem Glasurauftrag Antworten geben.

Die schweren Bestandteile einer Glasur setzen sich nach ein bis zwei Stunden ab, d.h. sie sinken nach unten. Deswegen muß die Glasur vor Gebrauch immer wieder neu aufgerührt und verquirlt werden.

Mit einem „Stellmittel" (s. *Bezugsquellen*), das man der Glasur hinzufügt, nämlich auf 10 kg Glasur 10–13 ccm Stellmittel, kann man dem Absetzen entgegenwirken. Nach längerem, ggf. monatelangem Stehen können sich Knötchen und Klümpchen in dem Glasurbrei bilden. Sie haften beim Glasieren nicht nur auf der Scherbenoberfläche, sondern verstopfen auch leicht die Spritzpistole. Nochmaliges Sieben schafft hier Abhilfe. Die mit Wasser aufbereiteten Glasuren hebt man am besten in Plastikeimern mit Deckel auf, wie sie der Fachhandel in verschiedenen Größen anbietet. In diesen Behältern können die Glasuren kaum eintrocknen und werden so vor Verunreinigung geschützt (s. *Bezugsquellen*).

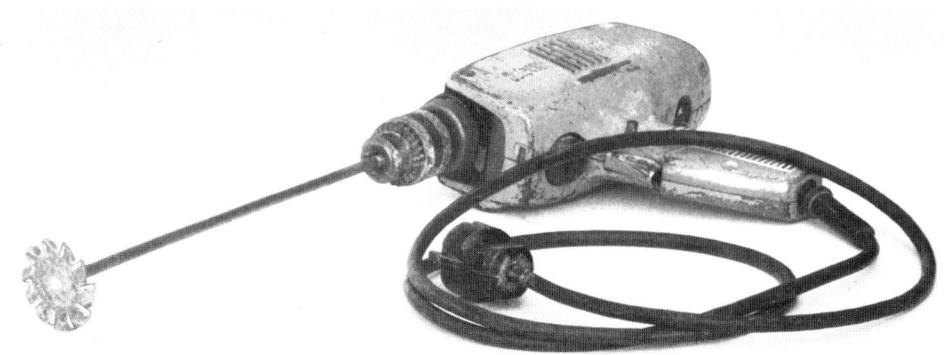

Abb. 203 Elektrischer Quirl. Der Quirl ist eine Hilfe beim Aufrühren von Glasur, Engobe, Gießmassen usw.

Abb. 204 Das *Glasursieb* steht auf 2 Latten, die über einer Schüssel liegen. Mit einem Pinsel (s. *Abb. 202*) wird die Glasur durchs Sieb gerieben.

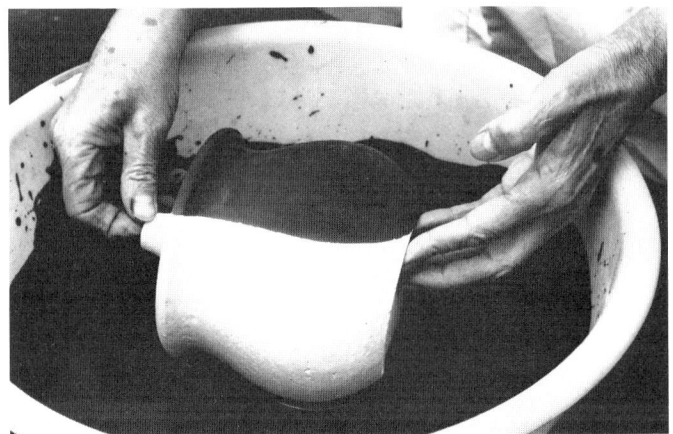

Abb. 205 Gefäße mit enger Öffnung werden, nachdem sie innen mit Hilfe eines Trichters *(Abb. 202)* ausglasiert wurden im Glasurbrei gerollt.

Abb. 206 Kleinere Gegenstände können mit der *Glasierzange* durch den Glasurbrei gezogen werden.

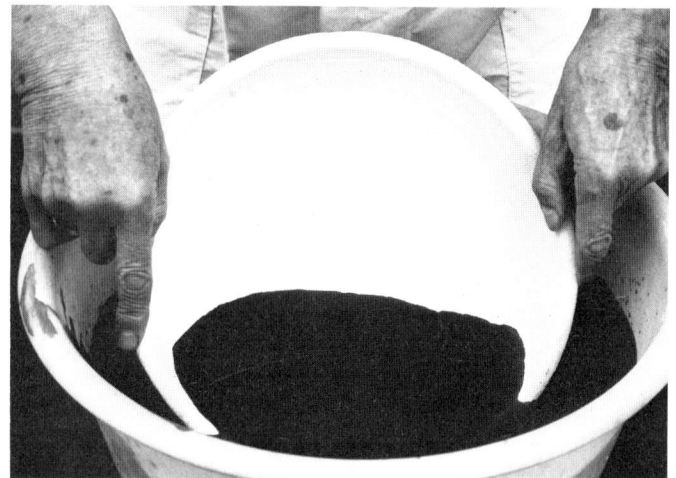

Abb. 207 Glasieren durch Tauchen.
Beim Tauchen wird der geschrühte Gegenstand mit den Händen durch den Glasurbrei gezogen. Gefäße mit weiter Öffnung lassen sich auf diese Weise gleichzeitig innen und außen glasieren.

Abb. 208 Beim *Übergießen* von relativ kleinen Gefäßen mit weiter Öffnung spreizt man die linke Hand im Inneren und dreht das Gefäß in entgegengesetzter Richtung zu dem Becher, mit dem Glasur übergossen wird.

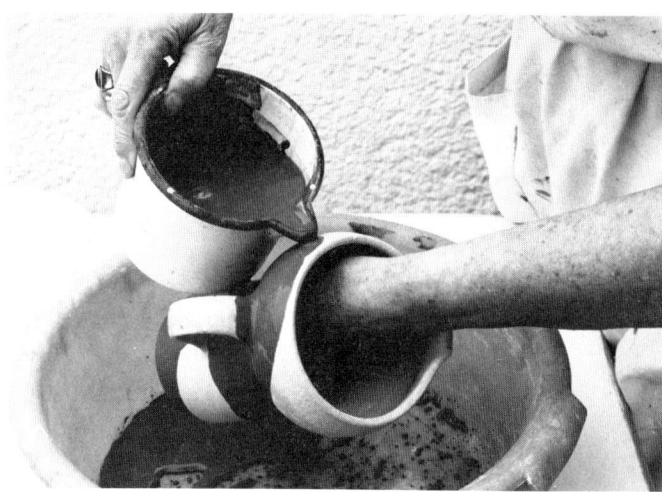

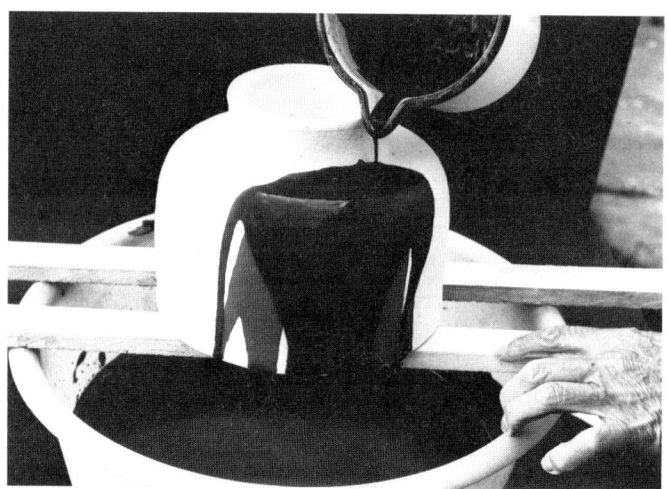

Abb. 209 Ist der zu glasierende Gegenstand unhandlich, wird er auf 2 Latten über einer Schüssel mit Glasur übergossen. Man muß dabei um das Gefäß entweder herumgehen, oder es auf einer Ränderscheibe mitsamt der Glasurschüssel drehen können.

Tauchen, Übergießen, Spritzen

Es gibt verschiedene Möglichkeiten des Glasurauftrages. Man unterscheidet trockene und nasse Glasier-Techniken. Bei flachen Platten, Reliefs und z.B. Stegkeramiken (s. *Abb. 94*) kann das Glasurpulver aufgestreut oder trocken aufgesiebt werden. Das nasse Glasieren kann durch Tauchen, Übergießen oder Aufspritzen der Glasur erfolgen. Der poröse Schrühscherben saugt hierbei das Wasser, mit dem die Glasur aufbereitet ist, auf, und die Glasur selbst überzieht den Gegenstand in einer gleichmäßigen Schicht.

Die preiswertesten Glasierverfahren sind das Tauchen und das Übergießen, weil dabei so gut wie keine Glasur verlorengeht. Zum Tauchen muß genügend Glasur in einem reichlich bemessenen Behälter vorhanden sein, weil beim Eintauchen eines Gefäßes seinem Volumen entsprechend Glasur verdrängt wird.

Kleinere Gefäße glasiert man gleichzeitig innen und außen, indem man sie durch den Glasurbrei zieht (s. *Abb. 205*). Beim Herausnehmen der Gegenstände aus der Glasur bilden sich Glasurtropfen, die man am Rand entlang laufen läßt, damit sie sich verteilen. Anfaßstellen müssen so klein wie möglich gehalten werden, weil man sie mit Pinsel und Glasur ausbessern muß und sie später eventuell sichtbar sein können. Nachdem die Glasur angetrocknet ist, verreibt man Unebenheiten mit dem Daumen.

Kleinere Töpfe, Schalen und Teller können mit der Glasierzange durch den Glasurbrei gezogen werden (s. *Abb. 206*). Die Zange hinterläßt sehr kleine, leicht auszubessernde Berührungsstellen.

Sollen Gefäße innen und außen verschiedene Glasurüberzüge erhalten, glasiert man sie zunächst innen aus. Nicht zu große Töpfe mit weiter Öffnung glasiert man dann außen, indem man die Hand so im Inneren spreizt, daß man das Gefäß bis zum Rand in die Glasur tauchen kann (s. *Abb. 207; 208*). Will man eine Schale nur innen ausglasieren, füllt man Glasur in die Schale und dreht sie mit beiden Händen so, daß die Glasur bis an den Rand läuft. Sollte etwas Glasur dabei überlaufen, so wischt man sie mit einem feuchten Schwamm weg. Die gleiche Technik wird bei zu engobierenden Stücken angewandt.

Bei engen Gefäßöffnungen gelangt während des Glasierens keine Glasur in das Innere. Solche Töpfe müssen, wenn sie innen abgedichtet werden sollen, vor dem Tauchen, Übergießen oder Spritzen mit Hilfe eines Trichters (s. *Abb. 202*) etwa halb voll Glasur gefüllt und unter schnellem Drehen in beiden Händen innen mit Glasur gespült werden. Gleichzeitig läßt man die restliche Glasur, indem man die Öffnung des Topfes schräg nach unten hält, in den Bottich zurücklaufen.

Auch große, unhandliche Stücke werden auf diese Weise zuerst innen ausglasiert, bevor man sie von außen mit Glasur übergießt oder überspritzt. Das Ausglasieren der Gefäße ist meistens angebracht, um sie wasserdicht zu machen.

Beim Übergießen kleinerer Gegenstände mit weiten Öffnungen hält man diese wieder mit der im Inneren gespreizten linken Hand, während mit der rechten – bei gleichzeitigem Drehen des Gefäßes in entgegensetzter Richtung – Glasur mit einem Becher über das Gefäß geschüttet wird. (Die gleiche Methode wird beim Engobieren angewandt [s. *Abb. 208*].) Ist der zu übergießende Gegenstand unhandlich, stellt man ihn auf zwei, über einer Schüssel liegende Latten. Man muß zum Übergießen dann entweder um den Gegenstand herumgehen können, oder aber ihn während des Begießens auf einer drehbaren Unterlage, z.B. einer Ränderscheibe mitsamt den Latten und der Schüssel drehen können, während man die Glasur übergießt. Die abfließende Glasur wird von der Schüssel aufgefangen und kann wieder verwandt werden (s. *Abb. 209*). Das gleiche gilt für das Engobieren.

Das Glasieren muß relativ schnell, d.h. in etwa 3–5 Sekunden vor sich gehen, da andernfalls die Glasurschicht zu dick wird.

Manche Töpfer ziehen diese Art des Glasierens dem Spritzen aus ästhetischen Gründen vor, weil damit größere oder kleinere Unregelmäßigkeiten verbunden sind, die einen belebenden Charakter haben und die Handwerklichkeit der Arbeit betonen.

Abb. 210 Glasieren durch Überspritzen von Glasur. Durch den Luftdruck des Spritzapparates wird der in den Pistolenbehälter gefüllte Glasurbrei auf das Gefäß gesprüht. Eine Absaugvorrichtung ist nötig (im Bild Spritzkabine mit Exhaustor), damit keine Glasur eingeatmet wird.

Abb. 211 Verputzen der Standfläche. Nach dem Glasieren muß von der Standfläche des Gefäßes die Glasur abgekratzt werden.

Abb. 212 Glasurabputzband. Es besteht aus nassem, sich bewegendem Gummischwamm, auf dem die Glasur von der Gefäßstandfläche abgerieben wird.

Abb. 213 Shoji Hamada (Japan). Viereckige Flasche. 1966. Aus einer Gipsform geformt. Nach dem Schrühen grauweiß glasiert. Darüber mit schwarzbrauner Glasur angeschüttetes Ornament. Steinzeugbrand. H = 22 cm.

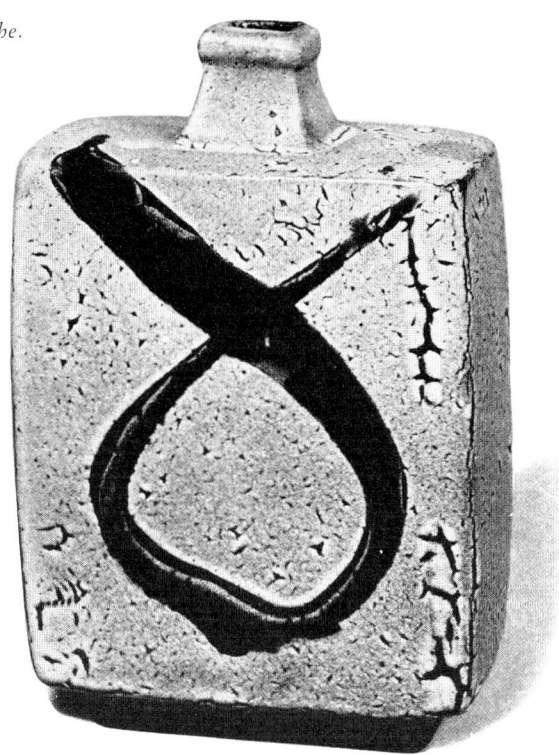

Abb. 214 Hildegard Storr-Britz und James Storr (BRD/GB). Vase. 1978. Freigedreht aus schamottierter Masse. Innen mit brauner Mattglasur ausgegossen. Angeschüttetes Ornament. Im übrigen weiße Mattglasur. Reduzierend bei 1250° C im Gasofen glattgebrannt. H = 23 cm.

Abb. 215 Dieter Crumbiegel (BRD). Rhombusgefäß. 1972. Aufgebaut. Gliedernde Unterteilung durch Tauchen und Glasurauftrag mit dem Pinsel. Braune, beige und weiße Glasuren. Oxidierend bei 1320° C im elektrischen Ofen glattgebrannt. H = 28 cm.

Der Gefahr, daß Unterglasurmalerei beim Glasieren durch Tauchen oder Überschütten leidet, kann man durch Überspritzen der Gegenstände begegnen. Auch bei sehr großen Stücken bewährt sich das Glasieren durch das Spritzverfahren. Spritzapparate sind im Fachhandel in verschiedenen Größen erhältlich (s. *Bezugsquellen*). Sie bestehen aus einem Kompressor mit Luftdruckbehälter, an den ein Schlauch mit Spritzpistole angeschlossen ist. Eine preiswertere Anschaffung ist eine „Kleinspritzanlage mit Spritzstand". Ein Ventilator mit Absaugvorrichtung und auswechselbarer Filtermatte sorgt für das Absaugen der überflüssigen Glasur. Bei den erstgenannten größeren Anlagen übernimmt dies ein Exhaustor. Filterwand oder Exhaustor sind aus gesundheitlichen Gründen unerläßlich, damit man während des Spritzvorganges keine Glasurpartikelchen einatmet.
Durch den Luftdruck des Spritzapparates wird der in dem Pistolenbehälter gefüllte Glasurbrei zerstäubt und auf das Gefäß gesprüht (s. *Abb. 210*). Während die rechte Hand den Hebel der Spritzpistole bedient und in einem Abstand von etwa 20–30 cm den Glasurstrahl langsam von oben nach unten und unten nach oben gleichmäßig über das Gefäß verteilt, bewegt die linke Hand die Ränderscheibe, auf welcher der zu spritzende Gegenstand im Spritzstand bzw. in der Spritzkabine steht. Geht man zu nahe mit der Spritzpistole heran, entstehen nasse Stellen und uneinheitliche Glasurschichten.
Verdeckten Stellen, wie z.B. unter Henkeln, ist besondere Aufmerksamkeit zu schenken, damit sie von dem Spritzstrahl erreicht und glasiert werden. Auch die Böden der Gefäße müssen dann gesondert gespritzt werden, wenn sie einen Fußring haben und glasiert sein sollen. Eine Gipsplatte (s. *Bezugsquellen*) als Unterlage für den zu glasierenden Gegenstand sorgt dafür, daß die Glasur aufgesaugt wird und sich keine Pfützen bilden. Das Aufspritzen von Engobe wird in gleicher Weise gehandhabt.
Im Zusammenhang mit dem Spritzverfahren muß hier noch eine Dekorart durch Spritzen mit dem Aerographen Erwähnung finden. Im Englischen wird diese kleine Spritzpistole mit feiner Düse auch „air brush" („Luftpinsel") genannt. Dekorfarben oder Oxide werden mit Wasser und Spiritus zu einem Gemisch angerührt und gesiebt, um dann mit dem Aerographen auf geschrühten Scherben gespritzt zu werden. Schattierungen, Abstufungen, Kolorierungen lassen sich damit erzeugen, oder Kompositionen zusammenstellen durch Abdecken mit Schablonen oder Gegenständen aller Art wie z.B. Pflanzenblättern, Kammzähnen, Spitzen usw. Anschließend wird mit transparenter Glasur überspritzt und glattgebrannt.
Die Möglichkeiten des Glasierens durch das Spritzverfahren sind groß. Der Nachteil liegt darin, daß mehr Glasur verloren geht.

Übereinanderlegen von Glasuren

Durch Übereinanderlegen von rohen Glasuren durch Rändern, Tauchen, Übergießen oder Spritzen können sehr reizvolle Farbnuancen entstehen. Die Verträglichkeit der Glasuren untereinander sollte vorher allerdings getestet werden.
Auch nochmaliges Glasieren bereits glattgebrannter Stücke, verbunden mit mehrmaligem Brennen ist manchmal erforderlich, wenn die Glasur unbefriedigend aus dem Ofen gekommen ist und man die Farbigkeit verbessern, die Struktur und Glasureffekte verändern möchte. Ein Vorwärmen des bereits glattgebrannten Gegenstandes macht das Haften der Glasur leichter, oder man muß einen relativ dicken Glasurbrei auftragen, der nicht so leicht von der glatten Oberfläche abfließt.

Auffangglasur

Bei manchen Kristallglasuren können die gewünschten Effekte nur durch leicht fließende Glasuren erreicht werden, was die Gefahr des Anbackens im Ofen mit sich bringt. Man hilft sich in diesem Falle, indem man den unteren Teil des Gegenstandes entweder nicht glasiert oder mit einer zähflüssigen Auffangglasur versieht und den oberen Teil mit der Laufglasur überzieht (s. *Glasurversätze und Engoben aus der Praxis*).

Während des Glasierens ritzt man von Zeit zu Zeit mit einer feinen Messerspitze die Glasurschicht bis auf den Scherben an, um die Dicke und Gleichmäßigkeit des Glasurauftrages zu überprüfen. Die Glasurstärke variiert je nach Glasurart, ob es sich z.B. um dicker zu legende Mattglasur oder dünnere Transparentglasur handelt. Am besten können vergleichende Glasurproben auf Plättchen die gewünschte Antwort geben.

Ist man mit dem rohen Glasurauftrag eines geschrühten Stückes nicht zufrieden, kann es mit Wasser abgewaschen und nach gründlichem Trocknen erneut glasiert werden.

Eine auf ein Gefäß aufgetragene, rohe Glasur kann noch nach monatelanger Zwischenzeit gebrannt werden. Sie wird nicht unbrauchbar.

Nach dem Glasieren müssen die Standflächen der Keramiken verputzt, d.h. von Glasur gesäubert werden, da sie sonst im Ofen auf der Einsetzplatte festbacken würden. Man kratzt die Glasur mit einem Messer vom Fuß ab (s. *Abb. 211*) und wischt anschließend nochmals mit einem feuchten Schwamm nach. Die Abfallglasur, die man in einer Schüssel sammelt, kann wieder verwertet werden. Eine andere Möglichkeit ist, den Boden einer Keramik über ein nasses Filztuch zu reiben und so von der Glasur zu säubern. In größeren Werkstätten werden die Gefäßböden durch einen rotierenden, nassen Schwamm (Glasurabputzband, s. *Bezugsquellen*) verputzt (s. *Abb. 212*). Das Verputzen der Böden oder Deckelränder kann man sich sparen, wenn die Stellen, an denen keine Glasur erwünscht ist, mit Wachsemulsion, Latex oder dergleichen vor dem Glasieren gerändert werden. Die so abgedeckten Stellen nehmen keine Glasur an, so daß sich das Verputzen erübrigt.

Fehler beim Glasieren entstehen bei zu dickem Glasieren, wodurch die Glasur im Brand zu laufen beginnt oder die Glasurfarbe intensiver werden kann. Mangelhaftes Aufrühren der Glasur, die sich durch Absetzen entmischt, hat fehlerhaften und unregelmäßigen Glasurauftrag zur Folge. Durch zu dünnen Glasurüberzug entsteht eine rauhe Oberfläche. Zu fein vermahlene Glasuren neigen zum Abrollen im Brand, wodurch (wie bei staubigen oder fettigen Schrühscherben) unglasierte Stellen zurückbleiben können.

Den Glasier-Techniken kommt bei der keramischen Gestaltung eine bedeutende Rolle zu. Durch gezieltes Tauchen oder Übergießen, durch Anschütten von Glasur lassen sich im Detail nicht vorherbestimmbare Effekte erzielen. In dieser Technik war der Japaner Shoji Hamada ein besonderer Meister (s. *Abb. 213; 214; 215*).

Eine gliedernde Unterteilung eines Gegenstandes durch entsprechenden Glasurauftrag kann Proportionen unterstützen und betonen.

Einteilung eines Gefäßes

Die Einteilung eines Gefäßes in bestimmte Felder kann ggf. Probleme aufwerfen. Nützlich kann dabei eine Papierscheibe mit primären, auch farbig differenzierten Unterteilungen in 3, 4, 5, 6 und 8 Abschnitte sein, die man mit einem Metallwinkel übertragen kann (s. *Abb. 216*). Man stellt dazu das Winkeleisen rechtwinklig an das Gefäß und auf die entsprechende Linie der Papierscheibe und fährt mit einem Bleistift an dem Winkeleisen entlang. Auf diese Weise markiert man die Einteilung auf dem Gefäß. Eine solche Papierscheibe läßt sich auch in eine Schale legen, um eine schwierige Fünfteilung zu übertragen. Bei der Einteilung eines Topfes für Dekore wie z.B. Rapportmuster (sich grundsätzlich wiederholendes Muster), muß man sich darüber im klaren sein, daß das Muster mit den Ausbuchtungen des Gefäßes größer und mit den Verengungen kleiner wird. Ein Netz (s. *Abb. 217; 218*) über eine Vase gespannt, veranschaulicht dieses Prinzip.

Sorgfältige horizontale und vertikale Einteilungen sind vor Beginn der Dekoration notwendig (s. *Zeichnung rechts unten* und *Abb. 219*).

Abb. 216 Papierscheibe als Hilfe zur Unterteilung eines Gefäßes.

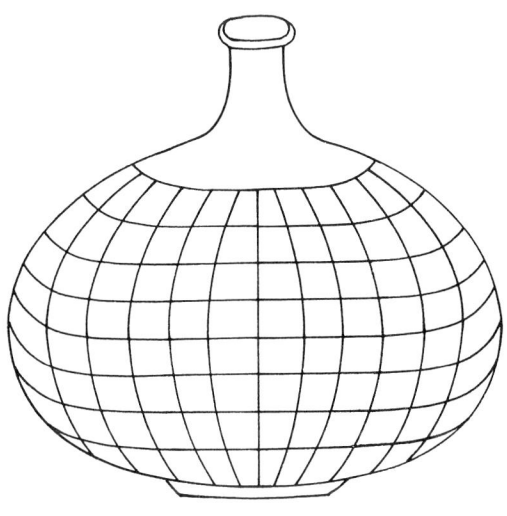

Aufgeteilte Vase

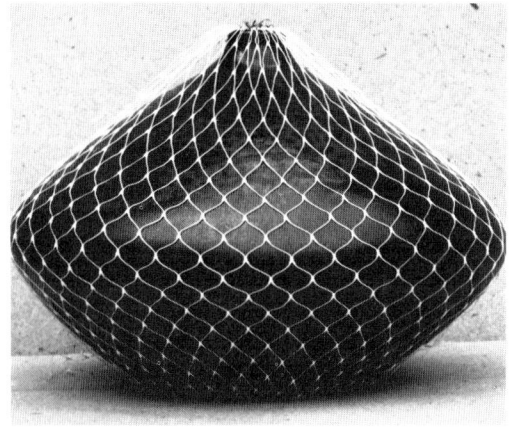 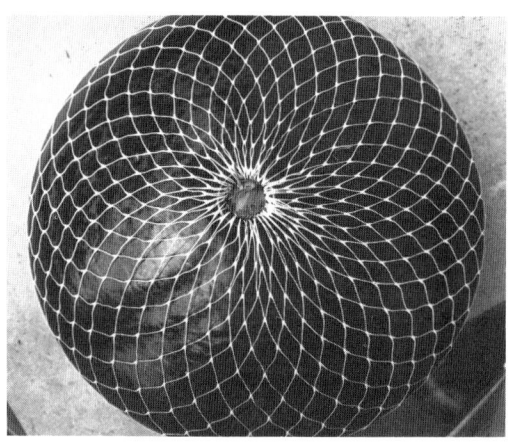

Abb. 217 Über eine Vase gespanntes Netz zur Veranschaulichung des engen und mit der Form weiter werdenden Dekormusters.

Abb. 218 Wie *Abb. 217*

Abb. 219 Ursula Scheid (BRD). Porzellanvase. 1965. Freigedreht. Mit Malhörnchendekor und Seladonglasur. Glattbrand im Ölofen bei 1350° C. H = 12,8 cm, Durchmesser 15,5 cm. Sammlung Dr. Thiemann, Hamburg. Das Ornament mußte sorgfältig durch horizontale und vertikale Bleistiftlinien vorgezeichnet bzw. vorgeplant werden, damit es in dieser Regelmäßigkeit ausgeführt werden konnte (s. *Zeichnung rechts oben*). Das gleiche gilt für die Dekorationen in *Abb.* 1, 18, 19, 27, 36, 50, 54, 66, 70, 71, 72, 73, 74, 75, 81, 109, 111, 112, 117, 142, 158, 165, 166 und 188.

Dank

Allen, die mich bei meinem Vorhaben unterstützt oder gefördert haben, möchte ich meinen verbindlichen Dank aussprechen.

Frau Lore Schlundt (Bensberg-Frankenhorst), Herrn Studiendirektor Heribert Fries (Höhr-Grenzhausen), Herrn Prof. Dr. h.c. Werner Lehnhäuser (Ransbach-Baumbach) und Herrn Fachoberlehrer Josef Thomas (Selb) für die technologische Beratung und kritische Durchsicht des Manuskripts; Herrn Studiendirektor Heinz Fließ (Staatliche Fachschule für Keramik, Höhr-Grenzhausen), Herrn Direktor Walter Heufelder (Staatliche Fachschule für Keramik, Landshut) und der Staatlichen Fachschule für Porzellan in Selb für das großzügige Entgegenkommen bei der Herstellung der Lichtbilder; Herrn Malett (Victoria und Albert Museum London), Herrn Dr. Klinge (Hetjens-Museum, Düsseldorf), Herrn Dr. Venzmer (Mittelrheinisches Landesmuseum, Mainz), Herrn Grandjean (Königliche Porzellanmanufaktur, Kopenhagen), dem Museum of the American Indian (New York), den City Museums in Stoke-on-Trent (England), dem Cleveland Museum of Art (Cleveland, Ohio), für die hilfsbereite und liebenswürdige Unterstützung bei der Beschaffung von Bildmaterial. Mit Geduld und Ausdauer hat Herr Andreas Becher (Simmern) die Fotos der Arbeitsvorgänge hergestellt und dadurch wesentlich zur Verwirklichung des Buches beigetragen.

Sehr herzlichen Dank auch allen Keramikern und Betrieben, die durch ihre Kooperation geholfen haben, mein Vorhaben in die Tat umzusetzen.

Höhr-Grenzhausen, im Juni 1982

Hildegard Storr-Britz

Anhang

Manche der aufgezeigten Techniken sind seit Jahrhunderten und Jahrtausenden zum Schmücken von Keramiken benutzt worden. Man denkt, es sei unmöglich, etwas Neues, unserer Zeit Gemäßes aus ihnen machen zu können. Und doch lehren uns gerade die historischen Kunststile, daß Techniken nur ein Mittel zum Zweck sind und daß in erster Linie durch die sich wandelnden Anschauungen immer wieder ein Anderes entsteht.

Die Wahl der Mittel ist sicher z.T. durch die Neigungen des einzelnen bedingt: Dem einen liegt die minuziöse Porzellanmalerei und dem anderen die großzügigen Möglichkeiten, die in der groben, schamottierten Masse verborgen sind. Die Begabung für die eine oder andere Technik ist oft erst feststellbar, wenn man damit intensiv arbeitet. Der eine fühlt sich eher befriedigt durch Gestaltungen, die bis ins Letzte durchgearbeitet und technisch perfekt sind, der andere wird mehr von der Spontaneität mit ihren Unregelmäßigkeiten als Ausdruck unmittelbaren Erlebens angezogen.

Jeder schöpferische Keramiker wandelt seine Techniken von der Masse angefangen bis zur Glasur, zum Dekor und Brand oft unbewußt so lange ab, bis eine individuelle, unverwechselbare Aussage entstanden ist. Es gibt daher eine derartige Fülle von technischen Variationen, daß es unmöglich erscheint, sie alle erfassen zu wollen.

Obwohl die Diskussion um ästhetische Maßstäbe niemals abreißen wird, so ist eine Forderung für keramische Oberflächengestaltung wohl unverzichtbar: Die Gefäßform darf nicht durch das, was man hinzufügt, sei es Glasur, Struktur oder Dekor zur Nebensache werden. Vielmehr sollte die Trägerform in den Proportionen unterstützt und womöglich gesteigert werden. Andernfalls sind dekorative Zutaten überflüssig.

Ein anderer unverzichtbarer Grundsatz für keramische Gestaltung ist eine gute handwerkliche Ausführung durch die Beherrschung des Materials, des Handwerkszeugs und des Brennverfahrens.

Dekortechniken bieten vielfältige, gestalterische Möglichkeiten über die Formgebungstechniken hinaus. Es bleibt die Aufgabe und Herausforderung an den Keramiker: Technik in gute und qualitätsvolle Gestaltung umzusetzen.

Glasurversätze und Engoben aus der Praxis

von Professor Werner Lehnhäuser
(Die Zahlen beziehen sich auf Gewichtsteile, d.h. sie können z.B. in Gramm oder Kilogramm eingewogen werden.)

Nr. 1 *Fayenceglasur*
SK 05a–SK 03a (etwa 1000°C–1050°C)
Versatz: 127,5 Bleifritte (1 PbO · 1 SiO_2)
        20,0 Kreide
        12,0 Calziumborat
        56,0 Kali-Feldspat
        25,0 Kaolin
        27,0 Quarz
        34,0 Zinndioxid
Diese Glasur kann auch mit Oxiden oder Farbkörpern eingefärbt werden.

Nr. 2 *Bleifreie Töpferglasur*
SK 04–01a (etwa 1020°C–1080°C)
Oxidierendes oder reduzierendes Brennverfahren
Versatz: 12,0 Lithiumkarbonat
        78,6 Na-Feldspat
        83,4 Kali-Feldspat
        46,8 Calziumborat
        44,2 Zinkborat
        22,2 Strontiumkarbonat
        13,0 Bayrischer Kaolin
Diese Glasur kann auch eingefärbt werden.

Nr. 3 *Aventuringlasur (rötlich goldene Kristallflimmer*
SK 04–02a (etwa 980°C–1060°C)
Oxidierendes Brennverfahren
Versatz: 74,0 Borax, kalziniert
        23,0 Quarz
        3,0 Ton
  15%–20% Eisenoxid
Leichtflüssige Glasur. Möglichst auf flachen Gegenständen, z.B. Platten, Teller usw. auftragen.

Nr. 4 *Kachelglasur*
SK 05a–SK 03a (etwa 1000°C–1050°C)
Oxidierendes Brennverfahren
Versatz: 158,0 Bleifritte (1 PbO · 1 SiO_2)
        12,0 Wollastonit
        10,0 Zinkoxid
        36,0 Kaolin
        26,4 Quarz
        23,0 Calziumborat
        22,0 Zinkborat
Diese Glasur kann auch eingefärbt werden.

Nr. 5 *Kristallglasur*
SK 1a–SK 5a (etwa 1100°C–1180°C)
Oxidierendes Brennverfahren
Versatz: 170,0 Bleifritte (1 PbO · 1 SiO_2)
        56,0 Kali-Feldspat
        18,0 Zinkoxid
        24,0 Calziumborat
        12,0 Bayrischer Kaolin
        78,0 Quarz
        18,0 Titandioxid
Diese Glasur kann auch eingefärbt werden.

Nr. 6 *Flockenglasur*
SK 05a–SK 02a (etwa 1000°C–1060°C)
Oxidierendes Brennverfahren
Versatz: 45,0 Lepidolith
        30,0 Calziumborat
        7,0 Zinndioxid
        4,0 Kupferoxid
Anstelle des Kupferoxids können auch andere Farboxide verwendet werden.

Nr. 7 *Transparente Glasur*
SK 03a (etwa 1040°C)
Oxidierendes oder reduzierendes Brennverfahren
Geeignet für Lüstereffekte, zum Einfärben und Trüben.
Versatz: 141,5 Bleifritte (1 PbO · 1 SiO_2)
        46,8 Calziumborat
        22,1 Zinkborat
        27,8 Kali-Feldspat
        12,2 Zinkoxid
        38,7 Kaolin
        54,0 Quarz
Diese Glasur kann eingefärbt und auch getrübt werden.

Nr. 8 *Chromrote Glasur*
SK 09a–05a (etwa 920°C–940°C)
Oxidierendes Brennverfahren
Versatz: 229,0 Bleimennige

40,0 Quarz
4,0 Bentonit
7,0 Zinndioxid
10,0 Chromoxid

Nr. 9 *Transparente Glasur*
SK 05a–SK 02a (etwa 1000°C–1060°C)
Oxidierendes oder reduzierendes Brennverfahren
Versatz: 64,0 Blei-Alkalifritte
(0,5 PbO 1,5 SiO_2)
(0,5 Na_2O 1,0 B_2O_3)
47,0 Calziumborat
5,0 Kreide
16,0 Zinkoxid
100,0 Bleifritte (1 PbO · 1 SiO_2)
44,0 Kaolin
61,0 Quarz
Diese Glasur kann auch eingefärbt und getrübt werden.

Nr. 10 *Transparente Glasur*
SK 1a–SK 3a (etwa 1100°C–1150°C)
Oxidierendes oder reduzierendes Brennverfahren
Versatz: 58,5 Calziumborat
113,0 Bleifritte (1 PbO · 1 SiO_2)
83,4 Kali-Feldspat
16,1 Zinkoxid
28,4 Bayrischer Kaolin
53,0 Quarz
Diese Glasur kann auch eingefärbt und getrübt werden.

Nr. 11 *Transparente Glasur*
SK 4a–SK 7 (etwa 1160°C–1220°C)
Oxidierendes oder reduzierendes Brennverfahren
Versatz: 111,2 Kali-Feldspat
18,0 Blei-Alkalifritte (wie in Nr. 9)
40,0 Kreide
35,6 Zinkoxid
15,0 Bayrischer Kaolin
72,0 Quarz
Diese Glasur kann eingefärbt und getrübt werden.

Nr. 12 *Seidenmatte Glasur*
Oxidierendes Brennverfahren

Nr. 13 Oxidierendes Brennverfahren

Nr. 14 Oxidierendes Brennverfahren
Die Glasuren Nr. 9, Nr. 10 und Nr. 11 ergeben mit einem Zusatz von 6% Titandioxid und 6% Zinndioxid bei den jeweiligen Brenntemperaturen weiche, seidenmatte Oberflächen. Die Glasuren lassen sich mit Oxiden oder Farbkörpern einfärben.

Nr. 15 *Alkalische Glasur für Stegkeramikplatten*
SK 3a (etwa 1140°C)
Oxidierendes Brennverfahren
Versatz: 15,7 Lithiumkarbonat
24,5 Fritte 1233 (Mondré und Mans)
9,0 Kreide
15,5 China Clay
44,4 Quarz
3,0 Zirkonsilikat

Nr. 16 *Auffangglasur, weiß matt*
SK 7 (etwa 1230°C)
Oxidierendes oder reduzierendes Brennverfahren
Versatz: 50,0 Kali-Feldspat
25,0 Schieferton 132/1
30,0 Wollastonit
20,0 Wirgeser Ton fett
30,0 China Clay

Nr. 17 *Auffangglasur, dunkel*
SK 7 (etwa 1230°C)
Oxidierendes oder reduzierendes Brennverfahren
Versatz wie Glasur Nr. 16 mit dem Zusatz von 5% Mangandioxid und 0,5% Kobaltoxid.

Nr. 18 *Weißdeckende Mattglasur*
SK 7 (etwa 1230°C)
Oxidierendes oder reduzierendes Brennverfahren
Versatz: 131,00 Na-Feldspat
12,15 Zinkoxid
50,00 Kreide
12,60 Talkum
25,80 Kaolin
100,20 Quarz
16,55 Zinndioxid
Diese Glasur kann auch eingefärbt werden.

Nr. 19 *Weißdeckende Mattglasur*
SK 7 (etwa 1230°C)
Oxidierendes oder reduzierendes Brennverfahren
Versatz: 60,0 Bariumkarbonat
130,0 Nephelin Syenit
14,0 Kaolin
16,0 Quarz
4,0 Lithiumkarbonat
Diese Glasur kann eingefärbt werden.

Nr. 20 *Weiße Engobe*
Versatz: 1,8 Bentonit A
30,0 Wirgeser Ton fett
30,0 Wirgeser Ton mager
30,0 Stoßton
180,0 Wasser
Einfärbungen der weißen Engobe:
1%–10% Antimonoxid (gelb) für gelbe Engobe;
1%–4% Kobaltkarbonat für blaue Engobe;
0,5%–3% Chromoxid, 0,1%–0,5% Kobaltoxid für grüne Engobe;
6%–8% Eisenoxid, 1% Chromoxid, 1%–2% Kobaltoxid für schwarze Engobe;
4%–6% Eisenoxid, 2%–5% Braunstein, 1% Chromoxid, 1%–2% Kobaltoxid für schwarze Engobe.
Die gesamte Oxidmenge in der einzelnen Engobe sollte nicht mehr als 10% betragen.

Nr. 21 *Sinterengobe*
SK 02a–SK 6a (etwa 1050°C–1200°C)
Auf lederhartem oder geschrühtem Scherben anwendbar.
Versatz: 20,0 Wirgeser Ton fett
20,0 China Clay
60,0 Bleisilikat Fritte
(1 PbO · 1 SiO$_2$)
Diese Sinterengobe kann eingefärbt werden.

Zeichenerklärung
G = Martin Gerndt, Postfach 222, 8590 Marktredwitz
Jä = Carl Jäger, Gewerbegebiet in den Erlen, 5411 Hilgert
HW = Hans Wolbring, St. Martinsweg 5, 5410 Höhr-Grenzhausen (Degussa-Erzeugnisse)
TW = Thomas Wolbring, Rheinstraße 12, 5410 Höhr-Grenzhausen
Ep = Epam Hobby Geräte GmbH, Schillingstraße 27, 4600 Dortmund 1
F = Fuchs'sche Tongruben GmbH und Ton KG, Postfach 347, 5412 Ransbach-Baumbach
Kr = Joseph Kreuter, Postfach 58 20, 6300 Lahn-Gießen
Ka = Kannebäckerland, Im Mühlholz, 5410 Höhr-Grenzhausen
MW = Massemühle Eugen Wagner, Postfach 1365, 8632 Neustadt
LG = Luitpold Grieshammer, Inh. Günther Ringel, Postfach 13, 8672 Selb-Erkersreuth
We = Firma Welte, Max-Planck-Straße 7, 5030 Hürth-Hermühlheim
N = ,,Rund ums Porzellan", Inge Naumann, Norderstraße 135, 2390 Flensburg (Heraeus-Erzeugnisse)

Es muß darauf aufmerksam gemacht werden, daß es nicht immer eine einheitliche Bezeichnung für ein und denselben Artikel gibt.

Bezugsquellen (Die Großbuchstaben in dieser Tabelle beziehen sich auf die nachstehend genannten Firmenadressen)

Artikel	G	Jä	HW	TW	Ep	Kr	MW	LG	We	N
Abdecklack	G		HW			Kr		LG		
Aceton		Drogerie								
Achatpolierstifte	G			TW				LG		
Aerograph				TW						
Aräometer				TW						
All-Stabilostift		Schreibwarengeschäft								
Asphaltlack flüssig						Kr				
Aufglasurfarbe (Schmelzfarbe) (ab 20 g)		Jä	HW		Ep			LG		N
Balsam (Kopaiva-)	G		HW					LG		N
Bleifolien						Kr				
Bleisilikat			HW							
Bleifritte			HW							
Brennöfen		Jä		TW	Ep					
Braunstein (Mangandioxid)		Jä	HW		Ep		MW			
Brennspiritus		Drogerie								
China Clay		Jä								
Brennstützen		Jä		TW	Ep					
Dekorfarben		Jä	HW		Ep				We	
Dextrin		Jä								
Dicköl (ab 100 ccm)	G	Jä	HW					LG		
Eimer mit Deckel		Jä		TW					We	
Essigsäure		Apotheke								
Farbkörper			HW				MW			
Farbstifte (Unterglasurdekor)				TW	Ep					
Fayenceglasur Nr. 49065			HW							
Fayenceglasur ab 1 kg					Ep		MW			

Fayencepinsel		Jä		TW						LG	We
Flußsäure (Fluorwasserstoffsäure) arsenfrei 40%, Nr. 5937	Firma E. Merck, 6100 Darmstadt										
Fritten		Jä	HW								
Fritte 1233	Firma Mondré und Manz, Troisdorf										
Fritte 90187 (Degussa)			HW								
Fußränderscheibe	G	Jä		TW					MW	LG	We
Gießmassen					Ep	F		Ka	MW		We
Gips (Modell- oder Formgips, Supraduro)	Baustoffirmen, z.B. Firma Kern, Ransbach										
Gipsplatten		Jä									We
Gipswerkzeuge		Jä		TW						LG	We
Glanzgold (ab 2 g)			HW		Ep						N
Glanzpalladium (ab 2 g)			HW								N
Glanzplatin (ab 2 g)			HW								N
Glasbürste	G			TW			Kr			LG	
Glasierzangen	G	Jä		TW			Kr			LG	We
Glasreiber (Glasläufer)	G	Jä		TW			Kr			LG	
Glasplatten	G	Jä		TW			Kr		MW	LG	
Glasurabputzbänder (Gummi)							Kr				
Glasuren (ab 1 kg)		Jä	HW		Ep				MW		We
Glasurmühlen (Topfroller)	G	Jä									
Glasurrohstoffe		Jä	HW		Ep				MW		We
Glasursiebe		Jä		TW	Ep						We
Goldradiergummi	G			TW			Kr			LG	
Goldverdünnungsöl			HW								N
Gummiwalze	G						Kr			LG	
Glyzerin	Drogerie										
Handtonpresse											We
Käseschaber	Haushaltswaren										
Kaolin		Jä							MW		We

Artikel	G	Jä	HW	TW	Ep	F	Kr	MW	LG	We	N
Kohlepapier spezial							Kr				
Knibishölzer		Jä									
Korund-Schleifstein										We	
Kopaiva-Balsam	G		HW						LG		N
Latex		Jä									
Lavalitmehl		Jä									
Lavendelöl	G		HW						LG		
Lochpalette				TW			Kr		LG		
Lüsterpräparate (ab 10 g)			HW								N
Malergold (ab 1 g)			HW								
Malhörnchen		Jä		TW	Ep					We	
Majolikafarben (Fayencefarben)		Jä	HW		Ep			MW		We	
Manganton		Jä				F		MW		We	
Mattunterlage für Ätzimitation			HW								
Metallsalzlösungen											N
Metallschlingen	G	Jä		TW	Ep					We	
Modellierwerkzeuge	G	Jä		TW	Ep					We	
Naturschwämme		Jä		TW	Ep					We	
Nelkenöl	G		HW						LG		N
Nephelin Syenit		Jä									
Nitrobenzol (Sorte „Mirbanöl")	Drogerien										
Ofeneinbauplatten		Jä		TW	Ep					We	
Ofenstützen		Jä		TW	Ep					We	
Oxide		Jä	HW		Ep			MW		We	
Pinsel	G	Jä		TW					LG	We	
Pipetten				TW							
Pipettenflaschen	Apotheken										
Poliergold (ab 2 g)			HW		Ep						N
Polierpalladium (ab 2 g)			HW								N

	G	Jä	HW/TW	Ep	F	Kr	Ka	MW	LG	We	N
Polierplatin (ab 2 g)			HW								N
Poliersilber (ab 2 g)			HW								N
Porzellanmasse (ab 10 kg)				Ep				MW			
Pudergold			HW								N
Puderpalladium			HW								N
Pudersilber			HW								N
Pulverisierte Tone		Jä			F			MW		We	
Puderwatte						Kr					
Quarz		Jä									
Red-Hölzer		Jä									
Reliefgold-Grundierung			HW								
Rohstoffe für Glasuren (ab 250 g)		Jä	HW	Ep						We	
Sandstrahl-Mittel und -Werkzeug	Heinrich Schlick KG, 4402 Reckenfeld/Wf.										
Segerkegel		Jä		Ep				MW		We	
Schablonefolien	G					Kr					
Schabloneschneidemesser	G					Kr				We	
Schieferton 132/1		Jä									
Schmelzfarben (Aufgl.-Farben ab 20 g)	G	Jä	HW	Ep					LG		
Schwämme		Jä	TW	Ep						We	
Siebdrucköl (Degussa 80392)			HW						LG		
Sinterengoben				Ep				MW			
Smalten		Jä	HW								
Spachtel	G	Jä	TW			Kr			LG		
Staffierer	G										
Stahlplättchen (elastisch)		Jä									
Standränderscheibe	G	Jä	TW	Ep		Kr		MW	LG	We	
Staubmaske		Jä		Ep		Kr					
Stellmittel für Glasuren		Jä	HW							We	
Steingutmasse		Jä		Ep	F		Ka	MW		We	

Steinzeugmassen		Jä			Ep	F		Ka	MW		We	
Stoßton		Jä									
Stupfer	G	Jä		TW						LG	
Spezialöl, wasserfreundlich für Unterglasmalerei			HW								
Spritzapparat		Jä		TW							We
Spritzkabine		Jä		TW							
Spritzlack (Schmelzfarbe)	G		HW							LG	
Spritzpistole		Jä		TW							We
Spritzstand		Jä		TW							We
Terpentinöl, rektifiziert	G	Jä	HW							LG	
Tischränderscheibe		Jä		TW	Ep		Kr		MW	LG	We
Tonerdehydrat		Jä	HW								We
Tonmassen, verarbeitungsfertig (ab 10 kg)		Jä	HW		Ep	F		Ka	MW		We
Tonmehle (pulverisierte Tone)		Jä				F		Ka	MW		
Topfroller		Jä									
Unterglasurfarben (Porzellan)		Jä	HW						MW		N
Unterglasurfarben (Steingut)		Jä	HW						MW		N
Verdünnungsöl	G		HW							LG	N
Verflüssigungsmittel (Gießmassen)		Jä				F			MW		
Waagen		Jä		TW	Ep						
Wachsemulsion					Ep						
Wandplatten, geschrüht, 5×5 cm, 10×10 cm, 15×15 cm		Jä		TW	Ep						We
Wirgeser Tone		Jä									
Zeichenfedern (Porzellan)				TW							
Ziehklingen		Jä		TW							We
Zinnfolien	G						Kr			LG	

Urheber

Die Ziffern beziehen sich auf die Abbildungsnummern

Balzar-Kopp, Elfriede 157
Bornhausen, Irene 36
Brüggemann-Breckwoldt, Antje 7

Caiger-Smith, Alan 179
Campbell, Keith 168
Cardew, Michael 124
Christiansen, Holger 169, 170, 171, 172, 173, 174, 175
Cosijn, Lies 134
Crousaz, Jean Claude de 142
Crumbiecel, Dieter 10, 45, 215

Drohan, Walter 110, 159
Drossé, Paul 177
Duckworth, Ruth 9, 55, 56

Ebüzziye-Siesby, Alev 143

Feibleman, Dorothy 57, 58, 59, 60, 61, 62, 63, 64, 65, 66, 67, 68
Finkler, Heide 29
Fleissig, Jürgen 35
Franks, Tony 46, 87

Gebhardt, Christa 42, 43
Geißler, Roswitha 191
Gordon, William 160

Hamada, Shoji 139, 140, 163, 213
Hensellek, Karl Heinz 8
Homoky, Nicholas 51
Hopper, Robin 28, 47, 48, 70, 137
Hufnagel, Otto 100
Hunaria, Mir Alan 30

Keepax, Mary 114
Kerstan, Horst 71
Kieffer, Robert 113
Kjellberg, Friedl 81
Klein, Renate 191
Klenner, Christian 23
Knäpper, Gerd 27, 50, 109
Königliche Porzellanmanufaktur, Kopenhagen 169, 170, 171, 172, 173, 174, 175
Krob, Maria 191

Laeuger, Max 176
Leach, Bernard 26, 40
Leach, David 178
Lehnhäuser, Werner Seite 95
Lehmann-Pistorius, Signe 39
Lynd, Jacqueline 165

Maetzel, Monika 118
Margrie, Victor 77
Martinez, Maria 1
Meigh, Charles 107
Möller, Christel 191
Morino, Hiroaki 195
Mortimer, Ann 79, 86
Moses, Michael 138
Mould, Elizabeth 116
Mühlendyck, Bita 158
Mühlendyck, Wim 18, 19, 34

Neue, Reinhilde 74

Osterberg, Alrun 75

Pearson, Colin 44
Peltner, Steffi 122, 131
Pöhlmann, Max 187
Porzellanfabrik Arzberg 192

Reig, Christine Atmer de 144
Reimers, Lotte 11
Rhaue, Walter Seite 90
Rie, Lucie 133
Rhodes, Daniel Seite 13

Scheid, Karl 31, 112
Scheid, Ursula 219
Schmidt-Tummeley, Annemarie und Werner 76, 82
Scholz-Schäfer, Karin 84
Schwickert, Günter 146
Seeßlen, Barbara 104, 192
Shimaoka, Tatsuzo 14, 54
Solon, Marc Louis 115
Staatliche Fachschule für Keramik, Malklasse Storr-Britz, Höhr-Grenzhausen 20, 22, 23, 29, 30, 35, 36, 37, 74, 75, 104, 164, 187, 191, 192, 193
Staatliche Fachschule für Keramik, Landshut 117
Staatliche Fachschule für Porzellan, Selb 199
Staatliche Porzellanmanufaktur, Berlin 188, 189
Stahl, Norbert 83
Stauber, Ernst 98
Steingutfabrik Wedgwood, Stoke-on-Trent 107
Storr-Britz, Hildegard und Storr, James 24, 25, 85, 96, 104, 105, 111, 123, 214

Thiel, Ingeborg 164
Thomas, Josef 199

Westman, Marianne 167
Whittaker, Alan 80
Wiinblad, Bjørn 101, 166, 198
Wurm, Eva 22, 193

Fotos

Arabia, Wärtsila-Konzern, Helsinki oder 81
Baumann, Höhr-Grenzhausen 35, 36, 83, 94, 98, 101, 158, 177, 187
Becher, Andreas, Simmern Ww. 4, 6, 8, 12, 15, 17, 18, 20, 21, 31, 32, 41, 43, 49, 52, 53, 69, 72, 73, 85, 88, 91, 93, 94, 95, 99, 102, 108, 119, 120, 121, 122, 125, 126, 127, 128, 130, 131, 132, 136, 138, 139, 140, 141, 145, 146, 147, 148, 149, 150, 151, 152, 153, 154, 155, 156, 157, 161, 162, 163, 181, 182, 183, 184, 188, 189, 190, 196, 197, 200, 201, 202, 203, 204, 205, 206, 207, 208, 209, 210, 211, 212, 216
Badisches Landesmuseum, Karlsruhe 176
Bing und Grøndahl, Kopenhagen 186, 194
Ceramic Review, London 57, 58, 59, 60, 61, 62, 63, 64, 65, 66
Collins, Michael 47
Craftscouncil, London 77
Crumbiegel, Dieter, Krefeld 10, 45, 215
Demel, Erich, Selb 185
Fries, Heribert, Höhr-Grenzhausen 76, 82
Gauls, Koblenz 34
Heritage House Photography, Newmarket 79
Kerstan, Horst 13
Kiemer, Karin, Hamburg 144
Königliche Porzellanmanufaktur, Kopenhagen 169, 170, 171, 172, 173, 174, 175
Köster, Dr. Paul, Mönchengladbach 143, 181
Landesbildstelle Rheinland, Düsseldorf 51, 97
Mittelrheinisches Landesmuseum, Mainz 164
Museum Boymans-van Beuningen, Rotterdam 134
Museum of The American Indian, Heye Foundation, New York 1
Perlbach, Bernd, Preetz 43
Porzellanfabrik Rörstrand, Lidköping 165, 167
Porzellanfabrik Rosenthal, Selb 166, 198
Reimers, Lotte, Deidesheim 9, 11
Staatliche Fachschule für Keramik, Landshut 117
Staatliche Fachschule für Porzellan, Selb 199
Steingutfabrik Wedgwood, Stoke-on-Trent 106
Storr, James, Plymouth, Devon 3, 5, 16, 22, 23, 24, 25, 29, 30, 33, 37, 38, 74, 75, 89, 92, 96, 103, 104, 105, 110, 111, 123, 135, 160, 191, 192, 193, 214, 217, 218
The City Museums of Stoke-on-Trent 124
The Cleveland Museum of Art, The Fanny Tewsbury King Collection, Cleveland (Ohio) 90
Thiemann, Dr. Hans, Hamburg 7, 219
Victoria und Albert Museum, London 26, 107, 115, 129, 133, 159
Woldbye, Ole, Kopenhagen 143

Register

A
Abdrehspur   21
Abdruck organischer und anorganischer Formen   15
Aerograph   160
Ätzkante   148
Ätzkantenimitation   148
Anflugglasur   108
Applikation   75
Aräometer   154
Aufbau-Technik   61
Aufbereitung der Glasur   153
Auffangglasur   161
Aufglasurmalerei   131

B
Barbotine-Technik   81
Bezugsquellen   169
Bizen-Keramik   13
Blatt-Temmuko   129
Blumenmalerei mit Schmelzfarben   134

C
Camaieu-Malerei   142
Champlevé-Technik   63
Cloisonné-Technik   63
Coperta   124
Cuenca-Technik   69
Cuerda secca-Technik   69

D
Dekorative-Aufbau-Technik   61
Durchbruch-Technik   55

E
Ecaillemalerei   137
Edelmetalldekoration   143
Einfärben keramischer Massen   41
Einteilung eines Gefäßes   163
Email ombrant-Technik   63
Engobe-Technik   81
Eulerware   108

F
Facettierung   54
Farbstiftdekoration   117
Farbpalette   114, 135
Fayencemalerei (Majolikamalerei)   121
Farbige Gießmasse   48

Federzeichnung auf Porzellan   137
Federzug-Technik   88
Fondstupfen   135

G
Glanzgold, Glanzpalladium, Glanzplatin   144
Glasurmalerei   125
Glasurversatz   166
Glasursteg   71
Glasier-Technik   153
Glattgebrannter Scherben   11
Glattbrandlüster   146
Goldlüster   147
Grisaillemalerei   142

H
Haftvermittler   132
Hakeme-Technik   96
Halbfayence   121
Hartporzellan, Hartsteingut   166

I
Inglasurmalerei   121
Intarsien- oder Einlege-Technik   45

J
Jomon-Technik   19

K
Kammzug-Technik   37
Kannelieren   24
Kerben   24
Knibis-Technik   22
Konoha-Temmuko   129
Kordelmuster   19
Krackeelüster   146
Kuei Kung   55

L
Lederharter Scherben   11
Lithophanie   72
Lochpalette   133
Lösungsfarbe   117
Lufttrockener Scherben   11
Lüsterdekoration   146
Lüsterfayence   125

M
Malergold   144
Malhörnchenmalerei   85
Majolikamalerei   121
Marmorierung durch Engobe   88
Marmorierung des Scherbens   44
Marmorierungslüster   146
Marqueterie   46
Metallsalzlösungen   117
Mishima-Technik   45
Model aus Ton   75
Muster durch farbige Massen   46

N
Neriage   46

O
Offene Gipsform   65

P
Pâte sur pâte-Technik   80
Perforations-Technik   55
Pinsel   103, 104, 132
Pinselmalerei mit Engobe   83
Pinselmalerei   103
Plastisches Dekor (Applikation)   75
Poliergold, Poliersilber, Polierpalladium, Polierplatin   144
Porzellan   114
Porzellanspitzen   60
Pudergold, Pudersilber, Puderpalladium   144

R
Rändern, Bändern, Linieren   107, 139
Rapportmuster   163
Red-Technik   31
Reiskorn-Technik   60
Reliefgolddekor   146
Reliefdekor   75
Ritzdekor   35
Rohpolieren   12
Rollsiegel   71

S
Salzglasiertes Steinzeug   108
Salzglasur   108
Schablone-Technik   99
Scharffeuermalerei   142
Scherben   11
Scherbendekor   11
Schmelzbrandlüster   146
Schmelzfarbenbrand   147
Schmelzfarbenmalerei   131
Schnellbrandverfahren   142
Schrift mit Schmelzfarbe   137
Schrühbrand   11
Schwämmeln   90
Schweißdrahtstege   69
Sgraffiato-Technik   92
Sgraffito-Technik   92
Sinterengobe   81
Sinterware   10
Smaltemalerei   108
Spiraldraht-Strukturierung   38
Spritzverfahren   137, 157
Staffagemalerei   137
Stechpause   119, 148
Stegkeramik   65
Steingut   114
Steinzeug   114
Stempel-Technik   74
Strukturierung durch Beklopfen   21
Stupfen von Flächen   135

T
Tauchen   157
Terra Sigillata   95
Tongut   10
Tonzeug   10
Transparenter Scherben   11

U
Übergießen   157
Übertragen von Entwürfen   151
Unterglasurmalerei   108, 142

V
Verblase-Technik   90
Verspritzdekor   125

W
Wachsaussparr-Technik   97
Weichporzellan, Weichsteingut   116

Z
Zerfließ-Technik   93

Seit 15 Jahren bewährt

vollautomatische BRENNÖFEN für Keramik & Glas

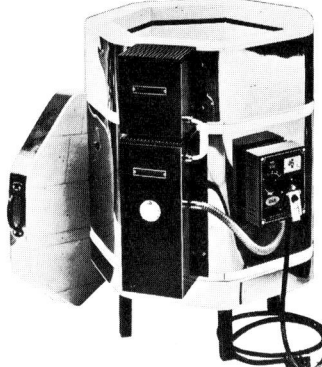

DEUTSCHES PATENT
alle Öfen norm. Stromanschluß 220 Volt
Ofendurchmesser 40 × 51,5 cm
GEWICHT:
30—45 kg
ISOLATION:
Raumfahrtmaterial
AUSSENSEITE:
Chromnickelstahl
HEIZELEMENTE:
Kanthal A 1 auswechselbar
STEINE:
für 1250°C-auswechselbar
MODELL:
sechs- und siebeneckig
SCHALTUNG:
stufenlos
ANSCHLUSS:
Lichtnetz 220 Volt
MAX. TEMPERATUR:
1250° Celsius   1100° Celsius

ENERGIE SPAREND

OPTIMALE RAUMNUTZUNG

Economy Super
Economy Favourite
Economy Baby

Wir liefern außerdem alles zum
TÖPFERN, MODELLIEREN, GLASBIEGEN, EMAILLIEREN

Fordern Sie weiteres Informationsmaterial an.

EPAM HOBBY-GERÄTE
46 DORTMUND, Schillingstr. 27 ½   Tel: 0231-103750 und 52

Alles fürs Töpfern

Unser Programm für keramisches Werken:
Modelliertone · Glasuren matt und glänzend
Unterglasur- und Majolikafarben ·
Brennöfen · Brennhilfsmittel · Werkzeuge ·
Werkrauminrichtungen.

In allen Fragen des keramischen Werkens
beraten wir Sie gern.
Ein Farbkatalog liegt für Sie bereit.

Heinz Welte Ing. GmbH & Co.
Max-Planck-Str. 7, 5030 Hürth-Hermülheim
Tel. (02233) 75005

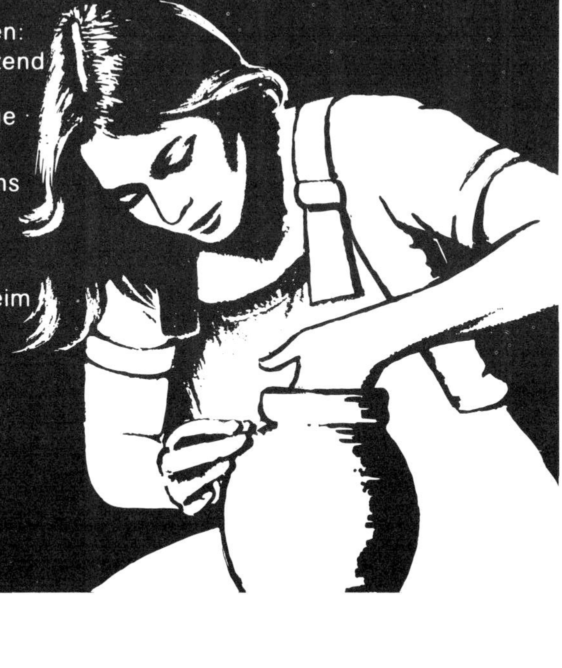

✺ WELTE

KERAMISCHE FERTIGMASSEN
schamottiert und unschamottiert

Sicherheit durch Qualität

Brennfarbe:
weiß – rot – braun – schwarz – kork

Brennbereich:
1000°–1300° C.

Lieferform:
Dreh- und Stanzmasse, plastisch und trocken
Gießmasse als Schlicker und trocken

Beratung in allen technischen Fragen durch unsere Abteilung Entwicklung und technischer Service.

Unser Lieferprogramm:
Westerwälder Qualitätston – Tonmehl – Kaolin – Ball Clays – Schamotte, stückig und gemahlen.

Fuchs'sche Tongruben GmbH & Co. KG
D-5412 Ransbach-Baumbach
Postfach 3 47
Tel. 0 26 23/20 10 · Telex 08 63 101

alles für die

Töpferwerkstatt

Maschinen, Öfen, Tone, Rohstoffe, Werkzeuge, Hilfsmittel

**CARL JÄGER KG
5411 HILGERT**
Tel. (0 26 24) 40 28

Dekorationsstempel

und

Kleine Hilfen

für die

Keramische Dekoration

von

STEMPEL- UND FARBENFABRIK
JOSEPH KREUTER KG
Tel. (0641) 2741 · Frankfurter Str. 131
Postfach 5820 · 6300 GIESSEN

Massemühle Eugen Wagner

*Postfach 13 65
8632 Neustadt/Coburg*

Telefon: (0 95 68) 30 75
Telex: 6 63 367 eugen d

Fertigungs-Programm
für Töpfer, Keramiker, Künstler, Hobbytöpfer, Schule u. a.

Modelliermassen	**Zum Keramik**
Ton-Freidrehmassen	**dekorieren:**
Steinzeug-	Engoben, weiß,
Freidrehmassen	rot, schwarz
Porzellan-	Glasuren
Freidrehmassen	Farbkörper
Kachelmassen weiß,	Majolikafarben
rot, braun	Unterglasurfarben
schamottierte und	Oxido
Aufbaumassen	Segelkegel
(Raku)	Glasuren für
Gießmassen	Ofenkacheln

Thomas Wolbring

Keramik-Bedarf
Maschinen
Brenn- und
Industrieöfen

Postfach 15 26
Rheinstraße 62
Telefon (0 26 24) 21 96
D-5410 Höhr-Grenzhausen

Alles für die Töpferwerkstatt

Spezialität:
Keramische Maschinen, Brenn- und Industrieöfen **für Hobby und Industrie** sowie sämtliche Utensilien für das Werken mit Ton, Porzellan, Glas und Email.

Wolbring, das komplette Programm

DEGUSSA-Glasuren und Farben h W seit 1952

Wir liefern seit 1959 Degussa-Glasuren und -Farben mit deren Werksnummern. Damit steht DEGUSSA für die garantierte Qualität hinter uns. Die technische Beratung der Degussa geben wir an Sie weiter, in Verbindung mit unserer praktischen Erfahrung. Das gilt auch für die Grenzgebiete Glas, Porzellan, Email.

Hans Wolbring
Keramische Farben
St.-Martin-Weg 5 / Postfach 15 42
D-5410 Höhr-Grenzhausen, Tel. (0 26 24) 20 30

Tüxenglas

liefert
alles
für den
Töpfer-
bedarf

Tone, Glasuren, Hilfsmittel, Töpferscheiben und Brennöfen

Läger:
2362 Wahlstedt · Kieler Straße 3
Tel. 0 45 54/26 62

2084 Rellingen 1 · Tel. 0 41 01/2 83 51

3004 Isernhagen 2 · Tel. 0 51 39/8 76 36

Das Magazin für kreative Keramik
in der Gantner Ceramica Verlagsanstalt,
Vaduz.
im Jahresabonnement (6 Hefte) DM 36.50
Information und Auslieferung:
KeramikMagazin,
Steinfelder Str. 10, 8770 Lohr

Luitpold Grießhammer GmbH

- 1a Malpinsel für die Porzellan-, Keramik- und Glasmalerei
- Öle und Malmittel
- Farben
- Malutensilien

**D-8672 Selb-Erkersreuth, Postfach 25
Telefon 0 92 87/41 51**